编　委　会

着色生命
幸福成长

"七彩积极生命教育"微课程的构建与实施

主 编 庄续玲

暨南大学出版社
JINAN UNIVERSITY PRESS

中国·广州

图书在版编目（CIP）数据

着色生命 幸福成长："七彩积极生命教育"微课程的构建与实施/庄续玲主编. —广州：暨南大学出版社，2022.10
ISBN 978 - 7 - 5668 - 3329 - 7

Ⅰ.①着…　Ⅱ.①庄…　Ⅲ.①生命哲学—教学研究—中小学
Ⅳ.①G633.202

中国版本图书馆 CIP 数据核字（2022）第 024773 号

着色生命　幸福成长——"七彩积极生命教育"微课程的构建与实施
ZHUOSE SHENGMING　XINGFU CHENGZHANG——"QICAI JIJI SHENGMING JIAOYU"
WEIKECHENG DE GOUJIAN YU SHISHI
主　编：庄续玲
···

出　版　人：张晋升
责任编辑：刘碧坚　冯月盈
责任校对：刘舜怡　黄亦秋
责任印制：周一丹　郑玉婷

出版发行：暨南大学出版社（511443）
电　　话：总编室（8620）37332601
　　　　　营销部（8620）37332680　37332681　37332682　37332683
传　　真：（8620）37332660（办公室）　37332684（营销部）
网　　址：http://www.jnupress.com
排　　版：广州尚文数码科技有限公司
印　　刷：佛山市浩文彩色印刷有限公司
开　　本：787mm×1092mm　1/16
印　　张：13.25
字　　数：240 千
版　　次：2022 年 10 月第 1 版
印　　次：2022 年 10 月第 1 次
定　　价：55.00 元

序

　　每一位从事教育工作的人，在开始的时候都是怀着一颗期冀的心渴望做些什么的，但提到生命教育，作为教育者的我们又难免有些疑惑，教育的对象是鲜活的个体，教育本身就是生命的互动，让学生更好地获得生命的成长，那为何要谈"生命教育"？生命教育的意义是什么？

　　当下社会、学校、家庭如此重视教育，为何还是有个别学生最终依然选择放弃自己的生命，留给世界一个孤独的背影？

　　有幸拜读庄续玲老师的这本《着色生命　幸福成长》，我看到了一位深耕教育多年的教师对生命教育的再思考，这本书是近些年庄老师对学生危机干预的深入研究的一项成果呈现，更体现出一位心理教育工作者对专业的热爱和职业的坚守！这本书用一份平淡、一份真实为孩子们的生命发展谱写彩色的篇章！

　　整本书的架构基于对生命的尊重和关怀，以帮助学生学会与自己联结、与他人和谐相处、与社会积极互动，最终以提升学生的精神品质，形成真正的"生命共同体"为目标，对传统生命教育进行延伸、拓展和升华。

　　很幸运，我也参与了课例的撰写，每一次的课例研讨、每一个细节的精雕细琢、每一晚的思维碰撞仍历历在目，如今，这些文字所传递出的是一种对生命最真的体悟与向上的精神力量。

　　庄续玲老师对每个课例都进行了详细的指导和反复的打磨，最终呈现出的课例可能依然不完美，这就像世上没有完美的人生一般，却为我们一线教师开展生命教育打开了新的视角！

　　很荣幸，我能够写一些读后的感想与收获，明知自己的文笔不够好，恐不能直抒胸臆；明知匆忙中会挂一漏万，可我觉得写人贵在真实。真实——这也是庄老师给我的最初印象。

　　我深信，当我们让教育回归到对教育本质的关注，回归到对人、对生命的尊重，我们的孩子必将拥有一个生命的春天。

　　生命本是最纯粹、朴素的存在，我们的教育为何要为生命着色？如何着色？《着色生命　幸福成长》，这本书中自有答案。

杨海荣

2022 年 6 月

前　言

　　2020 年初，一场突如其来的新冠肺炎疫情打破了人们原本的生活和学习秩序。新冠肺炎疫情属于重大的突发公共卫生事件，不仅严重威胁着公众的身体健康，也影响着人们的心理健康。目前我国疫情防控虽然已经取得了巨大成功，但还未取得疫情防控阻击战的全面胜利。在国外疫情愈演愈烈的严峻形势下，少数输入性病例将成为常态，疫情影响远未结束。面对这一重大社会公共卫生事件，"生"与"死"的考验近在咫尺，人们开始重新审视人与自己、人与他人、人与自然、人与生命的关系，深入思考、探索生命之存在、生命之价值等问题。青少年作为一个特殊群体，是当前社会危机事件中产生心理应激反应的易感人群，他们在认知、情绪、行为等方面极易出现一些不良反应，这是由青少年大脑发育的生理机制决定的。

　　2020 年 2 月至 5 月疫情严重期间，学生停课不停学，只能通过在线形式进行网上学习，一些学生就出现了焦虑、抑郁等心理行为问题。2020 年 2 月，教育部办公厅等联合出台《关于中小学延期开学期间"停课不停学"有关工作安排的通知》，提出要"注重加强爱国主义教育、生命教育和心理健康教育，鼓励学生锻炼身体、开展课外阅读"。国家从政策层面，着重强调了生命教育的必要性。后疫情期，学生从居家学习到返校复学，面对种种新的状况和挑战，加上家庭亲子冲突等问题，其心理危机呈集中爆发态势。一些省市出现了令人痛心的中小学生轻生的极端案例，个别学校出现学生自残、自杀及伤人行为，各校寻求心理咨询的学生人数激增。2020 年 4 月教育部发布了《给全国中小学校新学期加强心理健康教育的指导建议》，广东省教育厅也先后发布了《关于加强中小学生心理危机识别和干预的通知》及《关于做好 2020 年春季复学前后中小学生心理健康教育与心理危机预防干预工作的紧急通知》，提出关注中小学生心理健康教育，做好复学后学生的心理危机识别与干预工作，注重生命教育等要求。2021 年 7 月《教育部办公厅关于加强学生心理健康管理工作的通知》中明确指出，"中小学要将心理健康教育课纳入校本课程，同时注重安排形式多样的生命教育、挫折教育等"，并提出要"大力培育学生积极心理品质"。

目前，我国疫情基本在可控范围内，但重大疫情的灾难涟漪效应对整个社会生态系统和对中小学的心理冲击及影响仍然持续着。近期，联合国发布了有关新冠肺炎疫情与精神健康状况的简报，指出新冠疫情持续对人的心理与精神造成严重影响，甚至导致相关精神疾病。

著名生命教育专家肖川在《生命教育：朝向幸福的努力》一书中指出："生命教育要带给学生希望、力量；要带给学生内心光明、人格的挺拔；要带给学生对于自我、对于生活、对于未来和对于整个人类的自信，以便使每一个学生都能成为幸福人生的创造者。"那怎样的生命教育才能实现上述目标，怎样的生命教育才能激发学生生命潜能，让其生命焕发蓬勃生机？

正是基于上述背景和需要，笔者带领工作室和课题组成员，从区域学生心理需求出发，在不断实践探索中构建"七彩积极生命教育"微课程框架，旨在为学生的终身发展和幸福奠定基础。"七彩积极生命教育"系列微课是积极心理学和积极教育在生命教育中的具体应用。微课以生为本，确立理念为"着色生命　幸福成长——七彩课程成就七彩幸福人生"，寓意为：让七彩阳光播撒在每个学生身上，为其生命着色，为其幸福人生奠基。"七彩积极生命教育"系列微课共分七个模块，分别是绿之积极自我课程、蓝之积极情绪课程、黄之积极关系课程、赤之积极投入课程、紫之积极意义课程、橙之积极成就课程及青之积极品质课程。

从2021年3月到2022年5月，历时一年多，笔者和团队成员为本书的编写付出了大量的时间和艰苦的努力，该书凝聚了我们团队的智慧和心血。微课程的开发经历了理论文献研究、生命教育课程需求调查、积极生命教育课程纲要制定、"七彩积极生命教育"微课程框架构建、各学段微课程专题确立、教学课程内容设计、教学资源收集、上传网络平台形成共享课程资源等阶段，尤其在制定微课程框架阶段，笔者和四位副主编多次研讨，反复推敲，最终确定以"七彩积极生命教育"微课程为框架的课程体系。虽然过程艰辛，但我们诚挚地希望能够将团队成员在课题研究、教学实践中的经验和学习体悟与读者分享。

本书收录了中小学30节"七彩积极生命教育"精品课例，特别强调的是每个教学设计都附有微课视频，这也是本书的独到和用心之处。这些精品课例凝结着所有编委和课例研发组成员的心血，希望读者朋友们在阅读后能够有所收获。最后，非常感谢在写作过程中同行们的支持和指导，本书仍有许多不足，希望读者能够批评指正。

庄续玲

2022 年 5 月于广州

目录
CONTENTS

序   1

前　言   1

上编　积极生命教育及其微课程概述   1

第一章　时代呼唤积极生命教育   2
    第一节　积极生命教育的内涵与发展   2
    第二节　积极生命教育课程开发的现状   9
    第三节　积极生命教育课程建设的原则   11
    第四节　积极生命教育的总体目标   12

第二章　"七彩积极生命教育"微课程体系   15
    第一节　"七彩积极生命教育"微课程开发的背景   15
    第二节　"七彩积极生命教育"微课程的构建   17
    第三节　"七彩积极生命教育"微课程理念   19
    第四节　"七彩积极生命教育"微课程框架及七维目标   20
    第五节　"七彩积极生命教育"微课程开发的意义   36

第三章　"七彩积极生命教育"微课程的实施   39
    第一节　微课程的组织   39
    第二节　微课程的管理   40
    第三节　微课程的实施   40
    第四节　微课程的评价   42

下编　"七彩积极生命教育" 精品微课示例　　47

第四章　绿之积极自我课程　　48
　　第一节　绽放生命之花——我能发现生命的意义　　48
　　第二节　书信予己——我有积极身体意象　　53
　　第三节　呵护失眠小精灵——我能科学调整睡眠　　57
　　第四节　不一样的击鼓手——我能洞察性格密码　　62

第五章　蓝之积极情绪课程　　68
　　第一节　缤纷色彩，护心启航——我能管理自我情绪　　68
　　第二节　应对不确定性——我能拥有积极情绪　　73
　　第三节　复学能量罐，一起奥利给——我能积极调适情绪　　77
　　第四节　情绪有意义——我能接纳它　　82

第六章　黄之积极关系课程　　87
　　第一节　亲子相约，温暖无限——我能营造积极关系　　87
　　第二节　夏天的第一杯奶茶——我会感恩相遇，幸福相处　　92
　　第三节　沟通让家暖人心——我能构建积极亲子关系　　96
　　第四节　语言是窗户——我愿非暴力沟通　　101

第七章　赤之积极投入课程　　106
　　第一节　凝聚专注力，学习入佳境——我能专注学习　　106
　　第二节　"明天"变形计——我能科学管理时间　　110
　　第三节　学做"精力派"，学习高效率——我能积极管理精力　　115
　　第四节　时间管理四部曲——我能有效管理时间　　122

第八章　紫之积极意义课程　　127
　　第一节　"疫"中寻榜样，汲取心力量——我能寻找积极意义　　127
　　第二节　绘制我的生命故事线——我能激发生命潜能　　131
　　第三节　寻找生命的意义——我能积极自我赋义　　136
　　第四节　做自己的船长——我能确立职业价值观　　141

第九章 橙之积极成就课程 147

　第一节 追寻生命的灯塔——"车日路"模型激发学生生命
　　　　活力 147

　第二节 目标的力量——我能迎难而上 152

　第三节 发现挫折里的亮光——我能合理归因 157

　第四节 我选我人生——我能智慧选择 162

　第五节 滋养我的生命树——我会正向获得积极资本 167

第十章 青之积极品质课程 172

　第一节 勇敢不逞强，绽生命光芒——我能合理使用勇气 172

　第二节 开发大脑记忆潜能——我能积极主动学习 176

　第三节 "抒写"我的感恩心语——我能常怀感恩心 181

　第四节 品味幸福——我能提升幸福感 186

　第五节 我的"智能多彩光谱"——我有"多元智能优势" 190

参考文献 195

后 记 201

积极生命教育及其微课程概述

第一章　时代呼唤积极生命教育

第一节　积极生命教育的内涵与发展

一、生命教育

生命教育于20世纪60年代在西方国家兴起，至80年代逐渐被推广，在90年代走进我国。

美国是最早进行生命教育的国家，起步早，发展也较为成熟。20世纪60年代随着经济全球化、文化多元化时代的来临，美国在经济上迅速发展，但同时人们的精神生活开始略显迷失，青少年吸毒、自杀、他杀等生命事件不断发生。1968年美国学者杰·唐纳·华特士（J. Donald Waters）针对青少年生命意识的缺失问题，首次提出了生命教育思想。他创办了美国第一所生命教育学校——阿南达生命智慧学校，用以实践生命教育理念，并将实践的经验及结果写进《生命教育：与孩子一同迎向人生挑战》一书中。杰·唐纳·华特士的生命教育理念在当时得到了美国各地政府的认可与支持，并在各类社会组织中迅速传播与推广（冯建军，2020）。之后，其他各国针对本国社会和教育的具体实际情况开展与推动了生命教育的发展。从生命教育的源起及发展来看，不同国家的生命教育有着不同的发展特点，其中最具代表性的是美国、英国、澳大利亚和日本。

1. 美国的生命教育

美国生命教育内容丰富而又多样，生命教育实施途径也是多样的，包括专门的生命教育课程、学科渗透、形式多样的实践活动等。其中专门设置的生命教育课程内容有健康教育、品格教育、挫折教育和死亡教育等。目前，生命教育已经成为中小学教育的重要组成部分。

健康教育是生命教育的重要组成部分。美国有 36 个州将健康教育规定为必修课，并根据儿童发展的不同阶段确定了具体的健康教育目标。其中，小学健康教育的重点领域分为身体健康、心理健康、社区健康三个方面；中学健康教育分为身体健康、心理和感情健康、预防和控制疾病、营养、药品的使用和滥用、意外事故的预防和安全、社区健康、环境健康、家庭生活健康等九个方面。美国的生命教育系列教材《健康与幸福》以"健康"为主题，围绕着生命与自我、生命与社会、生命与自然的关系组织编写，设计了五大主题单元，分别是：①心理、情感、家庭和社会健康；②成长与营养；③个人健康与安全；④药物与疾病预防；⑤社区和环境的健康。

品格教育作为生命教育的重要内容，以培养学生的六种"特质"为目标，即可信赖性、尊重、责任、公平、关爱、公民的职责与权利六种价值观，每一种价值观具体又包含一些相应的行为准则，简单概括如下：

（1）可信赖性：做人诚实，无诈骗、无盗窃、无欺压；有勇气做能赢得好声誉的事；忠于自己的亲人、朋友和国家。

（2）尊重：讲文明、讲礼貌、将心比心；依照金科玉律去尊敬他人；宽容他人并能接纳不同的意见。

（3）责任：能自控、自律并对自己的行为负责；尽最大努力做别人期望自己所做的事；做事之前要慎重考虑结果。

（4）公平：不利用他人，按规则行事；在责备他人之前要弄清事实；认真聆听他人陈述理由。

（5）关爱：富有同情心，关心他人；要仁慈、宽恕别人；要学会感恩并热心帮助需要帮助的人。

（6）公民的职责与权利：遵守法律准则和道德规范；成为他人的好邻居，懂得合作和相处；保护环境，为学校和社区环境建设尽一份努力。

品格教育曾在 20 世纪二三十年代流行，四五十年代走向衰落，80 年代开始再次受到重视并得到发展。

挫折教育渗透在日常生活中。美国父母从小注重培养孩子的独立生活能力、自主能力和自强能力。等到孩子成年后，他们会自己赚钱交学费。到了谈婚论嫁的年纪，父母会送上自己的祝福，而非忙活着帮忙准备房子、车子。学校是挫折教育的另一重要场所。美国中小学的挫折教育坚持了理论与实践相结合的原则，除了平时教师课堂上的知识普及和故事讲解，还积极鼓励和组织学生们参加各种以"逆境教育"为主题的夏、冬令营。社会上也有许多挫折培训的机构，有针对性地塑造他们的心理素质和思想意志，提高应对挫折的能力。

美国的死亡教育最初是在大学中开设相关课程，并逐渐扩展到中小学。当前，死亡教育已成为美国中小学生命教育的重要组成部分。其内容包括帮助学生正确认识死亡，探讨死亡的生理过程，死亡对人的心理影响，自杀的原因及其防止，死的权利，丧葬礼仪与开支，如何应对生活中的不幸事件等相关知识。系统完整的死亡教育在改变学生对死亡的态度和防止自杀方面起到了重要作用。美国的个别学校已经开始试行死亡教育课程。

从总体上看，美国生命教育旨在让学生认识到生命的独特性，重视生命的存在和意义，促进学生全面均衡地发展，让每个学生学会学习，学会创造，实现生命价值。

2. 英国的生命教育

英国也是最早在中小学开展生命教育的国家之一。在英国，生命教育的理念最早出现在 15 世纪的人文主义著作中；到了 17 世纪中叶，教育开始体现对生命的关怀；19 世纪，教育家们开始主张促进人的生命的全面发展（王定功，2013）。英国真正开始重视生命教育是在第二次世界大战后，英国面临严重的社会问题，其中青少年对生命的漠视、滥用药物、吸毒、凶杀等问题尤其突出，青少年的人格发展、生命价值观已严重扭曲，社会不得不重视青少年的生命问题。1988 年，英国政府出台了《教育改革法案》，将生命教育纳入课程，自此生命教育受到政府的重视。

英国生命教育拥有专门的教材，生命教育资源相对丰富且体系完整。英国的生命教育注重公民教育，认为生命教育应该是一种全人教育，目的是培养积极乐观的公民。所以英国中小学生命教育以个体生命为本，生命教育课程内容以个人、社会、健康教育课程为框架，对于同一主题，不同年龄段探讨的内容深度不同且逐层递进。例如，英国哈珀柯林斯出版社的生命教育课程（7~9 年级单元主题内容）从人"了解自己""保持健康""人际关系的发展""发展成为一个公民"四个维度螺旋上升。

英国生命教育以积极公民教育为核心内容，让学生了解自我，做一个自尊、自信、自理、有责任感的人，珍爱尊重自己及他人生命，最大限度发挥自我的能力，使学生得到全面的发展，实现全人发展的目标。

3. 澳大利亚的生命教育

澳大利亚的生命教育充分借鉴了欧美先进国家的经验，得到国家和政府的高度重视及政策支持。20 世纪 70 年代，澳大利亚一直存在两个严重社会问题："毒"和"赌"，这对青少年危害严重。在这种社会背景下，特德·诺夫（Ted Noffs）针对青少年吸毒等社会问题，提出了生命教育的主张（李高峰，2010）。随后，特德·诺夫牧师在澳大利亚建立了生命教育中心。这是西方最早使用"生命教育"这一概念的机构，如今已发展成为联合国非政府组织（NGO）成员。该机构由学校和社区合作为澳大利亚在校学生提供预防性生命教育课程。基于澳大利亚的社会问题，澳大利亚生命教育的目的在于预防学生沉迷赌博、吸毒等，以提高学生的生命质量。澳大利亚生命教育课程的开展包括两方面：一方面解决学生已有的生命问题，如药物滥用、酗酒、抽烟、吸毒、暴力、艾滋病的传播等问题；另一方面为学生提供个体发展上的帮助，帮助学生建立自信、挖掘个体潜能等（张美云，2006）。在澳大利亚，生命具有至高无上的价值，对生命负责是每一位公民的责任。

总之，澳大利亚生命教育受到了全社会的高度重视，是全民参与下的生命教育。

4. 日本的生命教育

1944 年，日本教育者东井义雄在著作《学童的臣民感觉》中首次将生命教育概念引入教育领域，其关于生命教育的主要思想包括教会生存、追求人的主体性、形成对生命的正确认识和价值观。1964 年，学者谷口雅春出版了《生命的实相》一书，首先提出生命教育的重要性。

日本生命教育的发展经历了三个阶段：20 世纪六七十年代，针对教育功利化导致亲子关系和师生关系恶化、校园暴力和问题少年等问题，日本政府出台了心灵教育政策；20 世纪八九十年代，日本的社会问题加重，面临教育荒废、人际关系冷淡、学历主义加重、缺乏生死常识等问题，生命教育得到了重视，日本于 1989 年修改的新《教学大纲》中针对青少年的自杀、霸凌、杀人、破坏环境、浪费等现象日益严重的现实，提出以尊重人的精神和对生命的敬畏之观念来定位道德教育目标。这一时期的日本德育政策带有明显的生命教育思想，日本开始完善生命教育，提出了"健康的身体""丰富的人性"和"确实的学力"三大生命教育板块。21 世纪以来，日本政府针对青少年的脆弱心理和自杀事件不断增多的现象，提出了"余裕教育"，并将其作为生命教育的重要内容，以"热爱生命，选择坚强"为口号，目的在于引导学生正确认识生命、尊重生命、热爱生命，教导学生坚强面对生活中的挫折和预防青少年自杀。

5. 我国的生命教育

我国对生命教育的探索开始于 20 世纪 90 年代的台湾，随后大陆提出校园生命教育。不同于西方生命教育所针对的青少年赌、毒、暴、乱性等问题，我国早期的生命教育主要为预防青少年自杀、校园暴力等问题，后期则增加了帮助青少年探索生命的意义与价值（李高峰，2010）。

（1）台湾。

20 世纪末的台湾面临着日益严重的青少年问题，台湾地区中小学多次发生暴力伤人与自杀事件，学生对生命表现出了漠视的态度（李艳，2006）。1997年，台湾提出"生命教育"的概念，颁布了《台湾省国民中学推展生命教育实施计画》，该计划首先在初中阶段实施，次年开始在高中、职校推行；台中市教会学校晓明女子高级中学作为生命教育总推动学校，设立了"生命教育推广中心"；同时，在各地方设置"中心学校"，共同推动生命教育的发展和课程的实施。2000 年台湾成立"生命教育推动委员会"，2001 年宣布该年为"生命教育年"，推动各项生命教育计划的实施。台湾地区的生命教育发展经历了不同取向，包括生死教育取向、生理健康教育取向、生活教育取向、职业生涯取向、宗教取向。台湾学者认为，学校生命教育的实施需要达成三个阶层的目标，分别是珍爱生命、发展生涯与自我实现。在课程设置方面，台湾的生命教育并没有设置单独的课程，而是融入式教学，将生命教育的理念融入各个学科之中。"教育部"生命教育学习网的教材资源板块为教师提供生命教育主题参考，晓明女子高级中学结合生命教育经验也编写了生命教育教材与教师手册供教师参考使用。

（2）大陆。

20 世纪 90 年代，国内教育研究领域开始关注生命教育。我国大陆的生命教育发展分为两个阶段——早期传统生命教育和后期积极生命教育。传统生命教育为补救性的生命教育，以保全生命为主，主要针对当时发生的重大社会事件，如2004 年云南马加爵事件，成绩优异的"省三好学生"三晚连杀四名舍友，震惊了整个社会，同时也反映出大学生生命教育的缺失；2008 年汶川地震后，人们意识到生命安全知识的重要性，并开始重视对人生死的教育；2013 年复旦大学宿舍投毒事件，学术成果斐然的研究生林森浩，因学业压力大和现实的烦恼，而选择在宿舍饮水机中投毒，导致舍友中毒身亡，反映出了大学生生命意识的淡薄，没有形成正确的生命观和价值观。此外，国内各地区都出现过青少年因学业压力过大导致抑郁、自杀等问题，以及因对生命漠视而出现的校园欺凌等问题。传统生命教育的发展都是围绕着社会出现的这些生命问题，对学生进行补救性生命教育。后期，随着社会的发展、人们自我意识的加强，生命教育逐渐转变为发展性、预防性的积极生命教育。

二、积极生命教育

自2001年肖川等教授应邀参加台湾"生命教育年"系列主题活动，并在《生命教育的价值与目标》报告中提出"关注生命、尊重生命、珍爱生命、欣赏生命、敬畏生命、成全生命"六大核心理念以来，国内生命教育发展了20余年。国家层面陆续出台了相关政策，进一步推动生命教育的发展。早期我国传统生命教育以预防生命威胁为主，忽视对生命自身力量的激发。有学者将生命教育的内涵划分为狭义的生命教育、中义的生命教育和广义的生命教育（冯建军，2018）。狭义的生命教育过于关注出现生命问题的学生，重点在于解决学生出现的各类生命问题，而忽略了学生个体发展需求和对学生美好品质的培养。广义的生命教育强调社会本位而忽略生命个体，认为生命教育是一种教育理念，用于指导人服务社会。中义的生命教育是学者所推崇的，是基于个体生命发展需要的生命教育，是教育个体发展成为全人的教育，既关注出现了生命问题的学生，也注重遵循个体身心发展规律、培养学生积极心理品质、挖掘生命自身蕴含的积极力量、完成自我实现，这与积极心理学的理念不谋而合。积极生命教育是对传统生命教育的创新与变革，要实现这一变革还需不断探索积极心理学与生命教育的联结。

积极心理学认为人的一生发展包括低谷期与高峰期，我们要关注人生中的积极面，寻找生命存在的意义。积极心理学的研究包括过去和未来所带来的积极主观体验、美好的人格特质、正确的价值观和良好稳定的人际关系。积极生命教育正是基于这种积极心理学视角下的生命教育，强调关注生命的和谐发展，引导探索生命中的积极因素，致力于培养人的优秀品质、健全人格发展、成就完人。近年来，越来越多的学者开始注重积极生命教育的研究。不同于传统生命教育中对生命问题出现的各种负面影响的预防，积极生命教育更关注生命的发展潜能，是对生命的积极培养（冯玉华，2016）。关于积极生命教育的内涵研究，颇具代表性的是肖川、曹专提出的关于生命教育的四层含义：为了生命的教育、关于生命的教育、通过生命的教育和充满生命气息的教育（肖川、曹专，2020）。生命教育是为了生命的教育，是服务于人的精神需求的教育，使人的一生积极蓬勃发展，激发人们对生命、对生活的热爱，为幸福人生奠基；生命教育是关于生命的教育，它包含对生命本身的探索，目的在于引起人们对生命的关注，回归生命的本质，解决生命与外界的关系问题；生命教育是通过生命的教育，是用一个生命去感化和温暖另一个生命、以生命影响生命，是生活的、有温度的教育，而非抽象的、冰冷的说教；生命教育是充满生命气息的教育，是一种灵动的、鲜活的、充满生命活力的教育形态，就如那教室里朗朗的读书声和操场上活力奔跑的身影。

此外，2010 年 7 月，《国家中长期教育改革和发展规划纲要（2010—2020 年）》中首次明确指出要重视生命教育，并强调开展工作的原则是立足教育和发展，培养学生积极的教育品质，挖掘他们的心理潜能，注重预防和解决发展过程中的心理行为问题，这为中小学积极生命教育的开展提供了政策保障和要求。

2012 年，教育部印发的《中小学心理健康教育指导纲要（2012 年修订）》指出开展中小学心理健康教育，"要以学生发展为根本，遵循学生身心发展规律"，"要立足教育和发展，培养学生积极心理品质，挖掘他们的心理潜能，注重预防和解决发展过程中的心理行为问题"。由此可见文件中特别关注和强调在中小学心理健康教育中要对学生积极心理品质进行培养，目的是为学生健康成长和幸福生活奠定基础。

2021 年教育部办公厅印发《教育部办公厅关于加强学生心理健康管理工作的通知》（教思政厅函〔2021〕10 号），通知强调"为了提高后疫情时期学生心理健康工作有效性和针对性，中小学要将心理健康教育纳入校本课程，同时注重安排形式多样的生命教育、挫折教育等"，并强调要"大力培育学生的心理品质"，着力提升学生心理素养。

《心理健康蓝皮书：中国国民心理健康发展报告（2019—2020）》中也指出：我国青少年心理健康问题的发生率有逐渐上升的趋势，青少年对心理健康知识的掌握有待提高，对心理健康技能的学习与应用需要加强。报告中特别提到的是，在青少年心理健康知识结构中，自杀预防的知识非常匮乏，青少年的生命教育迫在眉睫。这些结果和数据对开发"七彩积极生命教育"微课程有重要的参考价值。

综上，积极生命教育是在积极心理学理论背景下，对传统生命教育的延伸、拓展和升华。

第二节　积极生命教育课程开发的现状

生命教育课程在我国起步较晚，仅经历了 20 年的探索与发展（肖川、曹专，2020）。为贯彻中央文件精神，2004 年辽宁省颁布了《中小学生命教育专项工作方案》以实施生命教育地方课程。2005 年上海市构建了"全员、全过程、全方位"的生命教育体系。2006 年湖北省咸宁市开始实施"生命教育"实验教学。2008 年云南省颁布了一系列文件实施"生命教育、生存教育、生活教育"，同年黑龙江省将生命教育纳入地方课程。2009 年四川省也将生活、生命与安全教育纳入地方课程。2010 年《国家中长期教育改革和发展规划纲要（2010—2020年）》强调"重视生命教育"，从国家层面明确了生命教育的地位。2016 年，《中国学生发展核心素养》将"珍爱生命"列为六大核心素养之一"健康生活"的重要内容。

2020 年，在新冠肺炎疫情背景下，教育部办公厅、工业和信息化部办公厅《关于中小学延期开学期间"停课不停学"有关工作安排的通知》中明确指出，"要注重疫情防护知识普及，加强生命教育、公共安全教育和心理健康教育"（宋乃庆、曹媛、罗琳，2021）。2021 年 6 月出台的文件《未成年人学校保护规定》中提出，学校要树立以生命关怀为核心的教育理念，利用安全教育、心理健康教育等专题教育，引导学生热爱生命、尊重生命；要有针对性地开展青春期教育、性教育，使学生了解生理健康知识，提高防范性侵害、性骚扰的自我保护意识和能力。

随着"十三五"规划纲要的明确提出，增强国民获得感、幸福感成为国家发展的方向；新时代我国社会的主要矛盾也已转化为人民日益增长的美好生活需要和不平衡不充分的发展之间的矛盾。随着时代的发展，人民逐渐由以前的关注温饱转化为关注个体发展与精神需求，而积极生命教育的出现则是顺应时代发展的要求，积极生命教育课程开发与实践应此要求如雨后春笋般在各地开展。国内的积极生命教育率先在高校开展，浙江大学、云南大学、清华大学等均开设了积极生命教育课程。国内高校积极生命教育以体验为导向，引导学生保持积极的心理状态面对生活，其包括三方面的原则：发展与预防相结合、认识与体验相结合、系统化教学（李朝军，2020）。基于这三方面原则，高校在实施生命教育课程体系时往往以带领学生体验积极情绪为主，让学生感受到快乐情绪，以乐观的姿态面对生活，迸发青春的活力与朝气；充分挖掘学生的积极心理品质，增加学生的自信心，引导其健康成长，培养全面发展的人；建立和谐校园，打造温馨轻松的校园氛围和宿舍文化，通过环境潜移默化地影响学生（石敏，2019）。

随后，积极生命教育在各中小学也陆续开展。2015年至今，广东省实验中学开发了积极生命教育课程"幸福咖啡屋"，以话题为中心，开设了"幸福是什么""学会悦纳自己""成长的奥秘""学习成绩与你的幸福感存在什么关系"等课程，通过学生选课方式充分调动学生对课程的积极性，取得了不错的效果（胡金兰、纪宇萍，2019）。2016年，上海市黄浦区成立积极生命教育区本课程课题组，启动"积极成长·幸福"课程建设，以专题为中心，开设了"积极优势""积极情绪""积极关系""积极成长"单元模块，课程在一定程度上得到了学生的认可，促进了学生的积极成长（钱锦，2021）。2019年，重庆市经过五年探索推进"幸福成长课"积极生命教育课程，课程设计以学生的积极心理品质发展为主线，通过积极认知、积极情绪、积极关系三个维度将课程划分开来，课程自实施以来取得了良好效果（吴灯、杨旭红，2019）。

尽管各地区响应国家"十三五"规划纲要，积极开展了积极生命教育课程研究，并对此方面研究保持着极大的热情，但是受限于实际教学情况，积极生命教育课程的开展仍然面临着许多障碍。首先，对比我国台湾地区和西方国家，积极生命教育在我国大陆地区起步较晚，缺少丰富的实践经验，对课程开发不足，缺乏统一的指导性文件为积极生命教育课程的开发指明方向；其次，缺乏足够的外界支持，如生命教育相关政策支持、学者研究经费支持、生命教育或积极心理学相关领域专家引进等；最后，教育者观念需转变，大多数教育工作者提起积极生命教育便认为是心理教师的责任，应当转变这种想法。将积极生命教育渗透进各个学科、各个领域之中，仅靠学校心理教师的力量是远远不够的，教育工作者应当意识到积极生命教育是所有教育者的责任。此外，新冠肺炎疫情暴发以来，各地学生均出现了各种程度的心理、行为问题，如面对疫情的焦虑、在家上网课时与家人矛盾的集中爆发、手机的使用问题、复学后的心理不适等，积极生命教育课程的建设迫在眉睫。特别在疫情常态化下的现在，教育工作者应引导学生正确看待生命，适应疫情的反复，帮助学生找到自身的力量、搭建心理防御系统，以便在面对突发事件时有足够的内部能量积极面对。

第三节 积极生命教育课程建设的原则

积极生命教育课程建设的目的不仅在于帮助学生解决已有的生命问题，更重要的是挖掘个体潜能、培养全面发展的人。在此基础上，积极生命教育课程的建设应当遵循以下两点原则：

第一，积极生命教育课程建设应当在积极心理学的指导下进行。积极生命教育课程区别于传统生命教育课程，其是在积极心理学指导下的、面向全体学生的、指引学生朝向幸福生活的生命课程。积极生命教育课程关注学生发展的方方面面，而不仅限于解决学生已出现的问题。如上海市黄浦区的积极生命教育课程的建设既包括了教会学生从已发生的"挫折与困难中汲取成长的力量"，又包括引导学生"发现与利用个人优势和特长，挖掘自身潜能"，"激发学生的内在动力"，使之"积聚和释放幸福的正能量"（钱锦，2021）。积极生命教育课程符合习近平新时代中国特色社会主义指导思想，是顺应时代发展趋势的课程，是习近平总书记提出的使人民群众有获得感、幸福感的具体实施途径之一。

第二，积极生命教育课程建设应当基于学生的现实需求。受限于我国发展水平不平衡不充分的现状，我国不同地区在经济与教育方面的发展也不同步，东西部地区、南北部地区、沿海与内陆地区的经济与教育发展水平存在差距，因此难以形成全国统一的积极生命教育课程。不同地区因经济发展水平、教育水平的不同，学生出现的生命问题、个体发展需求也会有所不同。积极生命教育是服务于生命个体的课程，应当结合当地学生发展特点，开发具有地区特色的积极生命教育。现有的积极生命教育课程的建设普遍为适应当地发展的区本课程或校本课程，如广州等一线城市处于中国经济发展的前沿，快节奏的生活方式导致家长普遍忙于工作，缺少与孩子交流相处的时间，令到孩子幸福感的缺失成为当地社会问题之一（胡金兰、纪宇萍，2019）。因此，积极生命教育的建设需要经过对当地学生的调研分析，形成具有地区特色的课程。

以上为积极生命教育课程建设应当遵循的两点原则。以积极心理学为指导，符合新时代的要求，从宏观上把握积极生命教育课程建设的总方向；以学生的现实需求为基础，使积极生命教育课程落地，避免高屋建瓴、脱离学生实际去谈发展。二者相辅相成，才能使我们的积极生命教育课程落到实处，真正服务于学生。

第四节　积极生命教育的总体目标

2018 年 9 月在全国教育大会上，习近平总书记强调"教育是国之大计、党之大计"。2019 年，中共中央、国务院出台的《关于深化教育教学改革全面提高义务教育质量的意见》（下简称《意见》）提出，要落实立德树人根本任务，培养德智体美劳全面发展的社会主义建设者和接班人。马克思主义关于人的全面发展学说认为，全面发展的人是精神和身体、个体性和社会性都得到普遍、充分而自由发展的人，也就是习近平总书记在全国教育大会上强调的德智体美劳全面发展（孟万金，2019）。马克思主义关于人的全面发展学说也为构建立德树人积极生命教育新体系提供理论指导。

幸福是人生的最高价值，也是人类的共同追求。积极生命教育，也被称为幸福教育，它以人本主义理论为思想指导，强调人的全面发展，旨在培养学生的积极品格以及创造幸福人生的能力（曾光、赵昱鲲等，2021）。而"教育的根本目的是提升人类的幸福感"，这也是 2016 年成立的国际积极教育联盟组委会所提出的宗旨和口号。

由上可见，立足新时代的历史新起点，我国教育要落实立德树人的根本任务，积极生命教育要培养学生创造幸福的能力，二者自然地走到了一起。因此，构建立德树人积极生命教育新体系不仅是时代所需，也是历史必然。积极生命教育新体系的最大新意就是将"新时代立德树人"与"人的全面发展"两大主题有机地结合起来，实现"致力于培养幸福完整、全面发展的人"的总体目标。

培养幸福完整的人，是积极生命教育的首要理念。北京生命教育科普促进会会长肖川等认为，每个人都有自然生命、社会生命和精神生命，三者合而为一，使人成为完整的存在（肖川、曹专，2020）。很多研究者认为积极生命教育的目标应具有层次性，因此我们以关注自然理念的"自然生命教育"、关注社会认知的"社会生命教育"和关注精神层面的"精神生命教育"作为三个不同的教育层面来构建积极生命教育的具体目标体系（但汉国，2020）。

中国学生发展核心素养是全面贯彻党的教育方针、落实立德树人根本任务的一项重要举措，是中国基础教育改革的顶层规划设计，以培养"全面发展的人"为核心。其六大核心素养分别为人文底蕴、科学精神、学会学习、健康生活、责任担当、实践创新。其中"健康生活"包含珍爱生命、健全人格和自我管理三个基本点，其目标在于引导学生理解生命意义和人生价值，培养积极的心理品质，能正确进行自我认识与评价，成为有明确人生方向、有生活品质的人。

因此，根据积极生命教育目标的三个教育层面，结合核心素养对"健康生活"要求的指引，我们认为积极生命教育的课程目标包括以下三个层次：尊重珍爱生命、积极乐观生活和成就幸福人生。这三个不同层次目标分别呼应自然生命、社会生命与精神生命的发展需要，致力于三者的全面成长。尊重珍爱生命是前提，成就幸福人生是目的。人只有在尊重珍爱生命的基础上，不断追寻生命的价值，活出生命的精彩，才能成就幸福的人生。

1. 尊重珍爱生命

生命是教育的起点，也是教育的终点。如果一个人连生命都没了，那么不管什么样的教育，对他来说都是无用或徒劳的。因此，生命教育的第一层目标是尊重和珍爱人的生命，解决"为何而活"的问题，构建积极而完整的自我。了解生命的本质和人生价值，认识到每个生命体都有存在的权利，应具有安全意识和自我保护的能力，学会敬畏生命、尊重生命、珍爱生命，树立正确的人生观和生命观，培养健康的、积极的自我。

2. 积极乐观生活

生命教育的第二层目标是积极乐观生活，解决"如何生活"的问题，学习生活和交往技能，培养积极乐观的生活态度。生命教育，离不开生活，如同陶行知先生说过"教育不通过生活是没有用的"。如果一种教育，让学生学会了很多自然科学知识，却没有让学生学会如何幸福地生活，那这种教育至少是残缺的，甚至是反生命的（冯建军，2018）。积极心理学的研究倡导一种积极的生活态度，它旨在从三个层面去提高学生的幸福体验：第一是积极情绪层面，意在帮助学生健康地认识与接纳情绪，了解情绪的运作规律，提升积极情绪，调节消极情绪；第二是积极关系层面，意在帮助学生建立健康的人际关系，发展社交技能，掌握积极有效的沟通技巧，建立和维护有价值的人际关系；第三是积极投入层面，意在帮助学生充分完整地体验"此时此地"，活在当下，提升对当下所从事活动的专注度与投入度，主动创造"福流"体验，投入所做之事，体会过程的快乐。通过以上三层目标的达成，从而培养具有积极乐观生活态度的人。

3. 成就幸福人生

精神生命是生命的高度，也是一种精神的价值和追求。一个人活着，必须有所追求，才能活出生命的价值和精彩。亚里士多德说过，人的一切行为和终身追求的目的就是幸福。因此，生命教育的第三层目标就是成就幸福人生，解决"如何活出生命的意义"的问题，探讨和挖掘生命的价值，活出生命的精彩和高度，实现自我超越。为此，积极生命教育需要帮助学生树立正确的价值观，寻找人生意义和方向，追求有价值的理想，获得更高层次的生命价值感和精神体验；同时，通过培养学生的韧性、毅力、成长型思维模式等，帮助学生提高能力，实现有价值的目标，实现幸福人生。

人是自然生命、社会生命、精神生命的统一体，我们不仅要发展人的自然生命，也要发展人的社会生命和精神生命。习近平总书记提出要落实立德树人的根本任务，坚持五育并举是重要途径。按照五育并举的基本点，结合积极生命教育的三层次目标，体育主要发展人的自然生命，重在培养人的健康体魄；德育主要发展人的社会生命，重在培养人的积极人际关系；智育主要发展人的精神生命，重在培养人的多元智能（如成长型思维）。由此可见，五育并举也是实现积极生命教育的重要方式。

综上，我们认为在积极心理学视野下，积极生命教育的总体目标是培养幸福完整、全面发展的人，为学生的幸福人生奠基。而总目标的达成，则是通过尊重珍爱生命、积极乐观生活和成就幸福人生三个分目标来实现的。

第二章 "七彩积极生命教育"微课程体系

第一节 "七彩积极生命教育"微课程开发的背景

2019 年底至 2020 年初，一场突如其来的新冠肺炎疫情打破了我们原本的生活及学习秩序。新冠肺炎疫情是重大的突发公共卫生事件，不仅严重威胁着公众的身体健康，也影响着人们的心理健康。在党和政府的科学管控，以及全国人民上下一心、齐心抗疫下，目前我国疫情防控虽然已经取得了巨大成功，但还未取得疫情防控阻击战的全面胜利。在国外疫情愈演愈烈的形势下，少数输入性病例将成为常态，疫情影响远未结束。面对这一重大社会公共卫生事件，"生"与"死"的考验近在咫尺，人们开始重新审视人与自己、人与他人、人与自然、人与生命的关系，深入思考、探索生命之存在、生命之价值等问题。

青少年作为一个特殊群体，是危机事件中产生心理应激反应的易感人群，在认知、情绪、行为等方面会出现一些不良反应，这是由青少年大脑发育的生理机制决定的。青少年大脑边缘系统由海马体和杏仁核构成，用于管理记忆、情绪和感受奖励，它一般在 15 岁以前就发育成熟。人类大脑的前额皮质，主要负责人的高级认知功能，包括做出决定、计划，抑制冲动，同时也和社交活动、自我认知等有关，但它的发育一直到 25 岁左右才成熟。正是这种发育上的不均衡，造成了青春期孩子常见的"情感"与"理智"间的矛盾。青少年的额叶依然无法很好地控制杏仁核，更容易在危机事件的状态下做出极端情绪行为。也就是说，中小学生虽然能够感知情绪和情感，但管理情绪、抑制冲动的那部分脑区（前额叶皮质）还远未成熟，这是大脑的发育阶段所限，他们很难像成年人那样做出理性的决策。比如青少年在面临危机事件时，杏仁核首先做出反应，释放出应激激素，垂体促进肾上腺释放肾上腺素，促使人体做好应对的准备。

　　疫情期间学生停课不停学，居家进行网上学习，一些学生出现了焦虑、抑郁等心理行为问题。2020 年 2 月，教育部办公厅等联合出台《关于中小学延期开学期间"停课不停学"有关工作安排的通知》，提出要："注重生命教育和心理健康教育，鼓励学生锻炼身体、开展课外阅读。"从国家政策层面，强调了生命教育的重要性。后疫情期，学生从居家学习到返校复学，面对种种新的适应和挑战，心理危机呈高发的态势，叠加家庭亲子冲突等问题，致使学生心理危机集中爆发。一些省市出现了令人痛心的中小学生轻生的极端案例，个别学校出现学生自残、自杀及伤人行为，各校求助心理咨询的学生人数激增。以广州市某区为例，2020 年 4 月组织 22 所中小学的学生共 27 272 人（男生 15 242 名，女生 12 030 名）参与突发性公共卫生事件心理问卷调查，结果预警检测出 3 979 人，占总人数的 14.59%。2020 年 4 月教育部发布了《给全国中小学校新学期加强心理健康教育的指导建议》，广东省教育厅先后发布了《广东省教育厅关于加强中小学生心理危机识别和干预的通知》及《关于做好 2020 年春季复学前后中小学生心理健康教育与心理危机预防干预工作的紧急通知》，均提出关注中小学生心理问题，做好复学后学生的心理危机识别与干预工作，注重生命教育等。2021 年 7 月教育部办公厅发布的《关于加强学生心理健康管理工作的通知》中明确指出"中小学要将心理健康教育课纳入校本课程，同时注重安排形式多样的生命教育、挫折教育等"，并提出要"大力培育学生积极心理品质"。

　　目前，重大疫情虽然已经得到成功防控，但重大疫情的灾难涟漪效应对整个社会生态系统和对中小学生造成的心理冲击及影响仍然持续着。近期联合国发布的"新冠肺炎疫情与精神健康"政策简报指出，新冠疫情持续对人的心理与精神造成严重影响，导致相关疾病。意大利和西班牙调查结果显示：77% 孩子出现注意力不集中的情况，39% 出现易怒和仇恨情绪，38% 出现焦虑情绪。同时，家庭暴力增多了，自杀和自杀未遂事件也有所增加（许燕，2020）。国内调查研究也表明，自新冠肺炎疫情发生以来，青少年的身心受到较大影响。对疫情以来青少年居家学习心理状态进行的一项调查研究发现，青少年居家时每天网络平均使用时长高达 10.2 小时，包括了上课、玩游戏、看综艺和关注疫情消息等，长时间接触网络使部分青少年对网络产生依赖心理，影响了学习和作息；通过使用 PHQ-2 对青少年抑郁症状筛查发现，一半左右的青少年筛查结果呈阳性，表现出抑郁症状，并对疫情有不同程度的焦虑（李月真、余苹等，2021）。

　　2020 年 11 月华南师范大学心理学院在某中学进行心理健康调研，对初二至高三共 1 767 人进行抽样问卷调查。本次调查结果显示，在自伤行为方面，在过去一年中共有 477 人（27%）实施过自伤行为，其中，初二年级有 69 人（3.9%），初三年级有 132 人（7.5%），高二年级有 147 人（8.3%），高三年级有 129 人（7.3%）。在所测量的 12 种自伤行为中，使劲拽头发（12.5%）、在皮肤上刻字或画图（11%）、咬伤自己（8%）、割伤自己（7.8%）是发生频率较高的四种自伤自残方式。在自杀意念及自杀尝试方面，总体上看，各年级学生的自杀意念得分处于较低水平，初三年级的自杀意念水平略高于其他年级。在本次调查中，初二年级有 67 人（3.7%）、初三年级有 132 人（7.5%）、高二年级有 160 人（9%）、高三年级有 142 人（8%）表示于过去一年中至少有一次自杀想法，初二年级有 10 人（0.6%）、初三年级有 7 人（0.4%）、高二有 9 人（0.51%）、高三有 8 人（0.5%）表示于过去一年中至少有一次自杀尝试。所以，对学生开展生命教育尤为迫切和重要，同时教育工作者要注重积极心理学的渗透，培养学生的积极视角，注重学生的心理保健，从而提升学生的心理能量，提升学生珍爱生命意识、生命价值感及意义感。

综上，后疫情时期对青少年开展积极生命教育迫在眉睫。怎样结合区域实际开展积极生命教育？这是后疫情时期教育工作者迫切需要回答的问题。

肖川在《生命教育：朝向幸福的努力》一书中指出："生命教育要带给学生希望、力量；要带给学生内心的光明、人格的挺拔；要带给学生对于自我、对于生活、对于未来和对于整个人类的自信，以便使每一个学生都能成为幸福人生的创造者。"那么怎样的生命教育才能实现上述目标，怎样的生命教育才能激发学生的生命潜能，让其生命焕发蓬勃生机？

我们工作室团队和课题组尝试以积极心理学理论为指导进行生命教育课程设计，从区域学生心理状况出发，在不断实践探索中构建"七彩积极生命教育"微课程，为学生的终身发展和幸福奠定基础。

综上，开展"七彩积极生命教育"微课程开发，是对时代需要、政策需要、学生需要及育人需要的积极回应。

第二节 "七彩积极生命教育"微课程的构建

"七彩积极生命教育"微课程的构建基于现实需求，以相关政策和理论为依据，并借鉴现有的生命教育课程。首先，课题组从相关理论及文献研究入手，在《中国学生发展核心素养》和《中小学心理健康教育指导纲要（2012 年修订）》的指导下，参照了马丁·塞利格曼（Martin Seligman）的积极心理学理论、清华大学的积极自我教育理论构建了"七彩积极生命教育"微课程纲要，确立了课程性质、课程理念、课程设计思路；其次，课题组根据相关理论和以往研究文献构建了"七彩积极生命教育"微课程的七个维度主题框架及不同学段专题课程；最后，采用实证研究的方法，将上述主题课程付诸实践，在学校教育中验证方案的有效性，具体开展流程如图2-1所示。

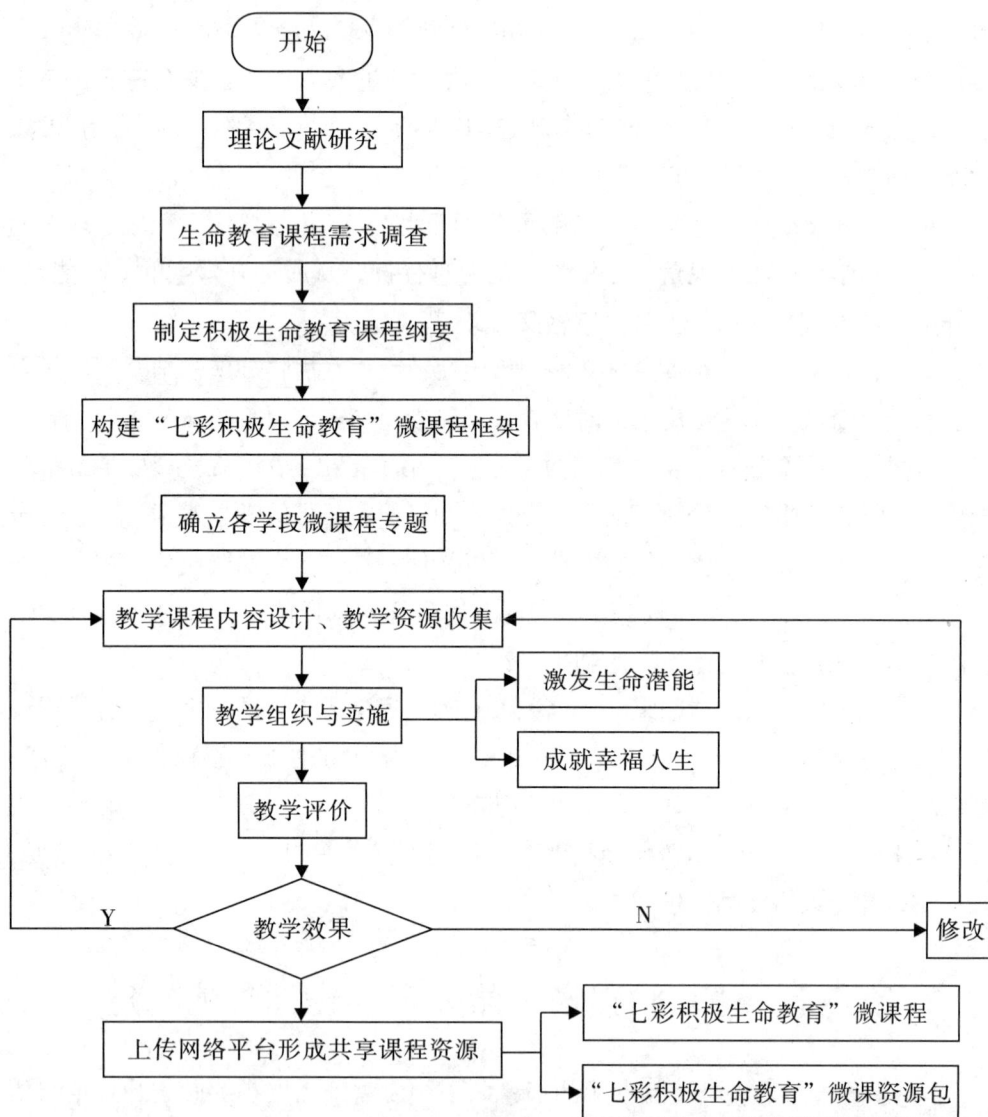

图2-1　"七彩积极生命教育"微课程开展流程

第三节 "七彩积极生命教育"微课程理念

积极是积极心理学的核心理念。积极心理学认为人性本来就是积极进取的，每个人的心灵都蕴含着许多积极因素和力量。塞利格曼在《持续的幸福》一书中指出："积极心理学研究的不是幸福，而是全面的、蓬勃的人生，它有五个支柱——积极情绪、投入、人际关系、意义和成就，而这些支柱的基石，则是24种品格优势和美德。"清华大学积极心理学研究中心的曾光等学者对积极心理学进一步深化和拓展，进一步提出积极教育理论框架，即"六大模块"和"两大系统"，包括积极自我、积极情绪、积极关系、积极投入、积极意义、积极成就，以及品格优势与美德培育系统和身心健康系统。

"七彩积极生命教育"微课程是积极心理学和积极教育在生命教育中的具体应用。微课程以生为本，确立理念为"着色生命、幸福成长——七彩课程成就七彩幸福人生"，寓意为：让七彩阳光播撒在每个学生身上，为其生命着色，为其幸福人生奠基。

"七彩"取自太阳七色，太阳象征着希望、生命、生机和蓬勃力量，将太阳七色"赤橙黄绿青蓝紫"用于积极生命教育课程，取意"生命像太阳拥有蓬勃的生机，每个人都有无限可能，通过七彩课程激发学生生命潜能，为每个生命注入色彩，成就学生七彩幸福人生"。按照我们赋予七色的意义，"七彩"太阳之色分别对应"七维"课程。例如，赤色象征热烈、激情，对应课程是赤之积极投入课程；橙色象征充实、丰富，对应橙之积极成就课程；黄色象征喜悦、和谐，对应黄之积极关系课程；绿色象征健康、生命，对应绿之积极自我课程；青色象征觉知、清晰，对应青之积极品质课程；蓝色象征理智、宁静、平和，对应蓝之积极情绪课程；紫色象征智慧、想象，代表紫之积极意义课程。"七维"课程不是互相割裂的，而是相互渗透和相互支撑的。"七维"课程对应"七维"目标，"七维"课程每个模块的单元（专题）课例都从积极心理学和积极教育的理念出发并基于学生的实际而设计。每个课例都有主标题和副标题，副标题均以"我能……""我愿……""我会……""我可以……"等蕴含积极正向力量及掌控感的形式表述，"七维"课程目标为课程总目标服务。"七彩积极生命教育"微课程框架如图2-2所示。

发展健康完整的自我：帮助学生提升积极的自我认知能力，以及提升自尊、自爱、自我接纳、自我效能等能力。

觉察、接纳、调整情绪：培养学生认识与管理情绪的能力，帮助学生了解情绪的基本规律，学会调节消极情绪，引发和提升积极情绪。

培育积极心理品质：培养学生有效识别、发展自身优势，使优势行为具体化。培养学生具有稳定、健全、积极的人格特质。

建立健康的人际关系：发展学生社交技能、沟通能力、爱的能力，学习积极有效的沟通技巧，建立和维护有价值的人际关系。

提升能力实现目标：培养学生抗挫折能力及韧性、培养学生坚持不懈的毅力及成长型思维模式，提升其实现有价值的目标能力。

内心感到充实丰盈：帮助学生建立正确的价值观、人生意义感和方向感，激发学生持久的内在驱动力。在更大范围内及更高层次上获得崇高的生命价值和精神体验。

充分体验"此时此刻"：激发学生对生活与学习的内在动机，提升学习专注度与投入度，主动创造"福流"，积极投入所做之事，体会过程中获得的快乐。

绿之积极自我课程

蓝之积极情绪课程

青之积极品质课程

黄之积极关系课程

"七彩""七维"

橙之积极成就课程

紫之积极意义课程

赤之积极投入课程

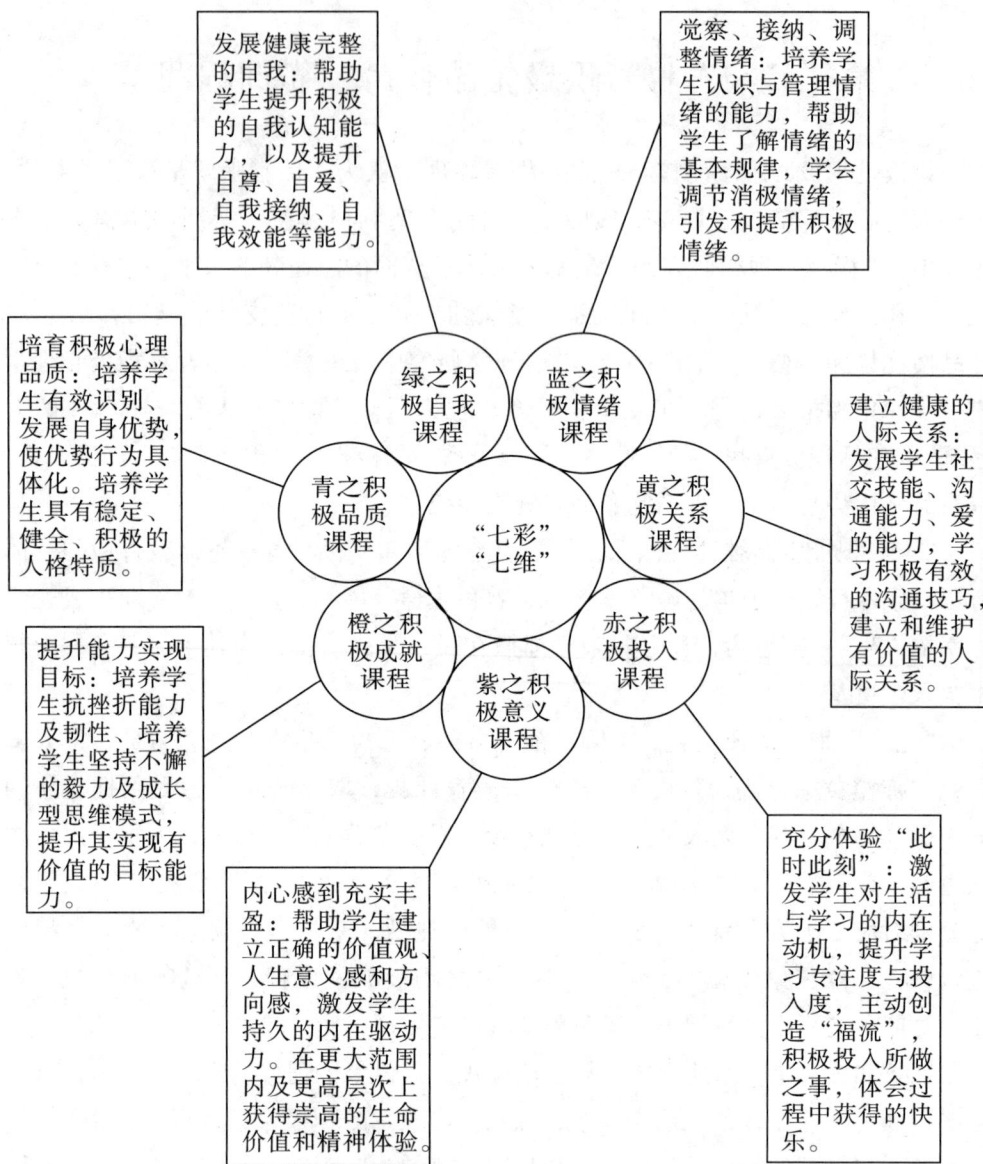

图2-2　"七彩积极生命教育"微课程框架

第四节　"七彩积极生命教育"微课程框架及七维目标

根据塞利格曼的积极心理学理论、清华大学的积极自我教育理论，我们构建了不同学段（小学、初中、高中）"七彩积极生命教育"微课程框架。

一、绿之积极自我课程规划

积极自我指个体对自身整体性的评价更倾向于正面的、积极的。此模块课程致力于培养学生形成积极的自我，使其拥有稳定的自尊、充足的自我效能感与持久的自爱能力。该模块课程的理论基础是自尊理论、自我效能感理论及自我接纳理论。

自我感指的是个体对自身的综合性、整体性、集合性的评价。贾奇等进一步将自我感延伸为核心自我评价，即个体对自我能力与价值的评估以及对自身的认知（Judge，2003）。研究表明核心的自我评价与人格特质相关，如与自尊、自我效能感、掌控感等有关（Judge，2004）。自尊作为自我感的核心要素，是指一个人对自身价值的总体判断，反映个体的自我接纳、自我喜爱与自我尊重的程度。自尊水平对于学生而言影响重大。低自尊的人会过分夸大失败所带来的负面效应，他们在面对学业失败时更倾向于消极的归因方式，更容易产生自我责备和无能感（王艳慧，2015）。高自尊的学生在经历了同样的挫败之后，学业表现却不会受影响，而且自我的概念比较清晰，具有较高的自我效能感，当他们遇到学业问题或外界不利因素时，能够及时调整自己的状态，并且通过自身努力减轻学业倦怠和减少厌学情绪及行为的出现（马利军、黎建斌，2009）。有研究发现，在同等智力条件下，核心自我评价水平较高的学生能获得更好的学业成绩（Rosopa，2009）；核心自我评价高的儿童，其学习适应性水平也高（张翔、杜建政，2015）。因此，对于学生来说，尤其是他们在面对挫败时，自尊与学业表现呈高度的相关性。

积极自我的另一要素是自我效能感，它类似于我们常说的自信心，即人们对自身运用技能完成任务的自信程度。高自我效能感的人会付出更多的努力去追求成功，从而也更有机会获得成就与社会赞许，而成功的体验与社会赞许又会反过来进一步增强其自我效能感，由此形成正向循环。大量的实验研究表明，自我效能感与学习的表现、坚持不懈的毅力、面对挫折的韧性、解决问题的能力及自律自控的能力息息相关。核心自我评价水平较高的个体具有更高的自尊和自我效能感，认为自己更有能力控制所发生的事件，较少采用回避性的应对策略，较多采取问题解决策略，体验到较少的压力（卡迈尔·米勒等，2009）。高自我效能感的人，会认为自己有能力去完成富有挑战性的任务，能够勇于面对困难，富有自信心和学习热情，不容易产生焦虑，其学习主观幸福感更强（宋灵青等，2010）。

另外，积极自我培养还包括培育学生持续而有效的行为习惯和技能以维护其身体及心理健康，积极心理学认为个体的身体和心理之间存在紧密的联动效应，身体和心理是不可分割的整体，即身心一体化。美国杜克大学的科学家詹姆士·布鲁曼托（James Blumenthal）发现，运动能有效地治疗抑郁症及防止病情恶化，在预防疾病复发的问题上，甚至比专门对抗抑郁情绪的药物效果更加显著。该研究发现，维持4个月、一周3次、每次40分钟的中强度跑步对抑郁症的治疗效果与抗抑郁药的效果相当。对于运动对抑郁症治疗的积极作用，詹姆士解释道："系统锻炼可以产生增强自我效能感和自尊的心理效果，这对于减轻抑郁症有着重要的意义。"人的身体和心理功能紧密关联，人们可以通过科学锻炼、规律作息、深度睡眠、放松训练等方式调节身体状况，从而改善整体的心理状态，产生不可估量的积极影响。

　　结合以上参考文献，本研究中的绿之积极自我课程主要目标是帮助学生形成身心健康而人格完整的自我，提升学生自我认知、自尊自爱、自我接纳及自我效能等能力。

　　据此，本研究团队特设计绿之积极自我系列积极生命教育课程。

表 2-1　绿之积极自我课程教学目标、重点内容与专题

教学目标	重点内容		课程专题
认知目标：了解生命的特性和发展规律，理解身心健康的重要意义，能清楚了解自我的独特性和优势 情感目标：激发其生命潜能意识，尊重生命、热爱生命，养成健康的生活习惯和生活态度，树立正确的生命观和人生观，构建积极的自我意识 行为目标：学会用恰当的方式保护自我，辨别区分积极人格与消极行为，掌握正确认识自我、悦纳自我、提升自我效能感及自尊的有效方法及途径，并能加以实践	积极自我指个体对自身整体性的评价更倾向正面的、积极的。中小学积极自我课程重点内容包括： 1. 认识生命、热爱生命、健康生活 2. 认识自我（身体自我、心理自我、社会自我） 3. 自我接纳、自我效能、自尊自爱	小学	1. 多彩的生命 2. 认识我自己 3. 我爱我自己
		初中	1. 关爱自我，珍爱生命 2. 成长中的我 3. 做最好的我
		高中	1. 探索生命的本质 2. 独一无二的我 3. 积极自我赋能

二、蓝之积极情绪课程规划

　　情绪是个体独特的主观体验，具有适应功能、动机功能、组织功能及社会功能。普拉切克提出了恐惧、惊讶、悲伤、厌倦、愤怒、期待、快乐和信任八种基

本情绪。还有学者将情绪分为积极情绪和消极情绪。积极情绪即正性情绪或具有正效价的情绪。罗素（Russell，1999）曾提出"积极情绪就是当事情进展顺利时，你想微笑时产生的那种美好的感受"。芭芭拉·弗雷德里克森（Fredrickson，2001）认为"积极情绪是对个人有意义的事情的独特即时反应，是一种暂时的愉悦"。孟昭兰（1989）认为"积极情绪与某种需要的满足相联系，通常伴随愉悦的主观体验，并能提高人的积极性和活动力"。致力于研究积极情绪的美国心理学家芭芭拉·弗雷德里克森列出了积极情绪的 10 种形式，按照人们所反馈的感受频率，从高到低依次为：喜悦、感激、宁静、兴趣、希望、自豪、逗趣、激励、敬畏、爱。概括地说，积极情绪即正性情绪，是指个体由于体内外刺激、事件满足个体需要而产生的伴有愉悦感受的情绪（郭小艳等，2007）。

该模块课程基础理论主要是感恩理论（如关注积极面三件好事、感恩日记）、情绪调节 ABC 理论，核心理论是拓展与构建理论，创造出螺旋上升的积极情绪循环，增进社会关系联结等。

心理学研究发现，频繁地体验到积极情绪有助于提高主观幸福感，并能促进人的身心健康发展。多项研究（Folkman，2000；王淼雅，2018；佘壮，2019）证明，积极情绪的反复体验可以增强个体的心理弹性，缓解消极情绪，促使个体敢于应对挑战，增强生命的意义感，提高生活满意度，从而提升个体的主观幸福感。积极情绪也可影响人们的身心健康，王振宏（2011）等人发现积极情绪通过个人资源而促进个体心理健康的发展。Taylor（2000）在对失去配偶的人研究中发现，能发现生活意义并拥有积极情绪的人更加乐观，他们相信自己能战胜以后的困难，所以其更长寿。另有研究证明，乐观的积极预期和努力直接预测积极情绪，与悲观者相比，乐观者抱有积极预期和积极信念，愿意为实现目标而付出努力，他们体验到更高的积极情绪（袁莉敏，2012）。

研究表明在应对生活压力与挑战方面，积极情绪能促进个体形成良好的适应能力，通过扩展认知、建构资源的方式在社会中构建更好的人际关系，以及得到更多社会支持（赵向锐，2017）。张娜（2015）以青少年为研究对象，发现青少年的积极认知水平越高，积极情绪体验得越多，个体的社会适应性发展得越好，青少年的积极认知部分通过积极情绪对社会适应性产生影响。

芭芭拉·弗雷德里克森在《积极情绪的力量》（2010）一书中，阐述通过实验研究证明，积极情绪有助于激发个体的创造力，以及提升个体的思维灵活度。Isen 等人（2002）研究发现相较于中性状态下，处于积极情绪下的个体表现出更高的创造性，问题解决的效率更高，决策更理性。张鹏程等人（2017）通过诱发不同类型的积极情绪体验，以科学发明创造实验问题为创造力测试材料，验证了不同类型的积极情绪体验对创造力都具有显著的促进作用。个体能够通过积极情绪的体验提高创造力，拓展思维倾向，拓宽个体认知范围（邢芳，2018）。

在拓展建构理论里，拓展功能和建构功能之间是相互影响和促进的。长期的积极情绪体验可扩展个体的认知和思维，促进个体有效应对生活中的难题和挑战，而成功应对问题的经验和资源的建构又可以带给个体更多的积极情绪。这是一个相互促进、循环的过程，个体在这个不断推进、上升的过程中，由于积累了大量的成功解决问题的经验，也能够增强自我效能感和提高自尊水平。黄志品（2018）以高年级小学生为研究对象，发现高年级小学生的积极情绪与自我效能感显著相关，且积极情绪能够正向预测自我效能感；采用积极情绪日记法进行干预后，高年级小学生的积极情绪得到直接提升，自我效能感得到间接提升。

结合以上文献参考，本研究中的蓝之积极情绪课程旨在帮助学生了解情绪的基本规律，了解积极情绪对生活、工作及幸福人生的作用和意义，培养学生认识接纳与管理情绪的能力、调节消极情绪与提升积极情绪的能力，从而体验并发挥积极情绪的力量，提升其情商及创造力，为幸福人生奠基。

据此，本研究团队特设计蓝之积极情绪系列积极生命教育课程。

表2-2　蓝之积极情绪课程教学目标、重点内容与专题

教学目标	重点内容	课程专题	
认知目标：了解情绪与身心健康之间的关系、情绪的发展规律，理解不同情绪的功能和意义，能说出积极情绪对生命的积极意义情感目标：激发塑造积极情绪的意识，体验积极情绪的力量，培养提升积极情绪的习惯，提升自我幸福感行为目标：培养认识、察觉、接纳、管理情绪的能力，学会调节消极情绪的方法，掌握引发和提升积极情绪的方法和技巧，懂得及时自我激励，学会表达积极情绪	积极情绪是指个体对有意义的事情独特即时的反应，是一种暂时的愉悦。中小学积极情绪课程培养内容主要包括：1. 认识情绪，接纳情绪，了解情绪与身心健康的关系2. 了解情绪调节的相关理论和方法，管理自我情绪3. 了解及塑造积极情绪	小学	1. 我的情绪小怪兽2. 管理情绪有妙方3. 感恩体验与行动
		初中	1. 遇上"情绪风暴"2. 穿越"情绪风暴"3. 绘出"情绪彩虹"
		高中	1. 探寻情绪的价值2. 接纳自己的情绪3. 塑造积极的情绪

三、赤之积极投入课程规划

积极投入指个体将兴趣、好奇心、专注力、决心与活力投入学习和生活中，是一种全神贯注的体验，心理学家将这种状态描述成"心流"，并将"心流"定义为"当个体全身心地沉浸于有价值的活动时所达到的一种忘记自我、忘记时间流逝、如天人合一般的巅峰体验"。即当个体参与活动并被活动吸引时，会陷入一种共同的经验模式，会窄化个体的思维意识，让个体丧失自我意识，只对清晰的目标和具体的反馈有感知和反应，而不相关的直觉与想法都被忽略了。当个体积极投入某项活动表现出"心流"状态时，他们具有如下特征：全神贯注、知行合一、物我两忘、时间飞逝、驾轻就熟、陶醉其中等。积极投入模块重点运用的核心理论是"心流理论"（深化学习兴趣，学习任务"FLOW"化）与学习动机理论。研究表明积极投入与幸福感、学习能力、学习成绩正相关。

第一，个人的积极投入度与其幸福感呈正相关。有关中小学生积极投入和幸福感的研究大都聚焦于学习方面，学习投入会对中小学生的主观幸福感产生重要影响。学习投入是指学生在学习过程中，积极参加各项学习活动，深入地进行思考，充满活力地应对挑战和挫折，并伴有积极的情感体验。学习投入有行为投入、认知投入和情绪投入这三个维度。研究发现，流动儿童的主观幸福感和学习投入度及各维度呈现显著相关，良好的学习投入可以预测儿童的主观幸福感。当个体处于良好的学习投入状态时，其学习主观幸福感也往往更强，流动儿童可以从行为、情感和认知投入中获得主观幸福感（张斌驰、沈怡佳，2021）。高行为投入、认知投入或情绪投入能提高个体的满意度和情绪体验，促进个体的人际关系、社会性行为的发展，进而提高自我评价，因此个体的积极面对和积极态度更有助于其体验到强烈的主观幸福感（池文韬等，2020）。

第二，积极投入与学习能力呈正相关。学习能力是指学习者为完成学习任务、达成学习目标而具备的个性特征及其素质，它是一个结构复杂、多维度、多层次的心理现象，学习能力是在学习活动中形成和发展起来的，学习能力的直接结果表现为学业成绩。积极投入有助于学习能力的提高。有学者研究发现，当教师在课堂上的教学进行到一个段落，抽考题请学生回答问题时，上课专注的学生比上课走神的学生更能回答出问题，表明积极投入对学生的学习能力和学习成效是有影响的。学习能力强的学生积极投入度高，专注力更好（蔡宇潇，2017）。积极投入表现在专注地做某些事情，而专注力训练有助于提高学生的学习能力。研究表明，专注力训练中的学生可以让皮质醇浓度一整天不飙升，此时具有较好的压力管理能力。压力会干扰记忆,只要降低皮质醇浓度就会更专注,记忆力也会增强。一旦学生明白大脑专注的重要性,就会对他们的学习方式带来影响,学习乐趣和学习经验都会强化,理解力和领悟力都会增强(Schonert-Reichl,2010)。

第三,积极投入与学习成绩呈正相关。学习投入和较高的成绩水平相关,在学校中越投入的学生,学业成绩越好。相反,缺乏学业投入会给学生带来严重后果,包括学习成绩不良和辍学可能性的增加等(刘在花,2017)。学习上较为投入的学生更可能使用掌握性策略,拥有更高的自我控制感。在学习的过程中保持初心不受外界干扰、更努力、持之以恒,同时能够发现学习对人生的价值,在学习中更倾向于寻找学习的技巧和方法的学生,他们的学业成绩也会更好(刘会超,2017)。杜瑶(2018)研究表明,学习投入在学习动机和学习成绩之间起着部分中介作用。学习动机和学习投入较高的儿童,倾向获得更高的学业成就。学习动机更高的个体会在学习上付出更多的努力,会更加专注,从而保证学习的效果和质量,最终取得更好的学业成就。相反,若是受到注意力、坚持性不足等影响而不能保持较好的学习投入状态,即使学习动机高,也可能无法取得较好的成绩。高度投入的个体往往会对生活与学习展现出高涨的热情和浓厚的兴趣。积极投入的个体常常对达成目标和实现人生的抱负充满激情,同时也怀揣着远大的理想和崇高的追求。

结合以上文献参考,本研究中的赤之积极投入课程,通过培养学生对生活与学习的兴趣及动机,来提升其专注度与投入度,让其学会主动创造"心流",积极投入喜爱之事。体会过程中的快乐,培养学生在学习生活中具备优秀品格和积极投入目标并达成目标的能力。

据此,本研究团队特设计赤之积极投入系列积极生命教育课程。

表 2-3   赤之积极投入课程教学目标、重点内容与专题

教学目标	重点内容	课程专题	
认知目标:了解兴趣、动机和专注力的特点及作用,理解影响个体动机和专注力的因素,能说出提升专注力的方法	积极投入是指个体全身心地投入到某种活动中的一种心理状态。中小学积极投入课程主要内容有: 1. 兴趣爱好及学习动机培养 2. 专注力培养 3. 时间管理	小学	1. 兴趣是最好的老师 2. 我能专注做事情 3. 时间是个魔术师
情感目标:激发培养兴趣爱好、学习动机和专注力的意识,体验"心流"带来的快乐,培养提升积极投入的习惯。愿意去探索提升专注力的方法		初中	1. 开启学习发动机 2. "专心"全攻略 3. 我的时间我做主
行为目标:能够培养个人的兴趣爱好,激发自己学习动机,学会科学管理时间,掌握提高个人专注力的方法		高中	1. 保持学习动力 2. 赢在专注 3. 时间管理忙而不盲

四、黄之积极关系课程规划

客体心理学认为人活着的动力是寻找客体关系。积极的客体关系会让我们的生活更加愉悦，消极的客体关系会衍生出很多问题。积极关系的建立是积极教育的重要一环。研究发现，良好的社会支持对儿童与青少年的身心发展至关重要，他们会在社会支持的环境中发展出良好的心理适应性、社会学习能力与平衡健全的身体状态。积极关系的重要理论包括宽恕理论（善意助人、感恩行动）以及主动建设性的回应方式理论。主动建设性回应是指当对方分享好事的时候，个体的语言、肢体和行为的反馈可以让对方感受到被理解与被支持。主动建设性回应能够使个体产生积极情绪，强化人际联结。学校可以通过学生与教师练习主动建设性回应、增设正念倾听、非暴力沟通等增进人际关系的技能培训，使个体在沟通交流时能感到被共情和被理解。

研究表明支持性的亲子关系、师生关系与同伴关系有助于提升儿童和青少年的主观幸福感。亲子、同伴、师生关系均能够独立地正向预测青少年的主观幸福感，即人际关系越好，主观上感知到的幸福感越高。处于微观和中观环境系统中的父母、同伴、教师对个体的成长和发展有着直接的影响，是个体获取幸福体验的重要来源（张兴旭等，2019）。第一，亲子关系的好坏影响着中小学生的主观幸福感。基于亲子依恋理论，安全型依恋的中学生更容易体验到快乐，能够感受到较高的幸福感；不安全型依恋的中学生更倾向于感受到焦虑或者孤独等消极情绪，降低其主观幸福感水平。第二，同伴关系的质量影响着中小学生的主观幸福感。良好的同伴关系有利于青少年与他人和谐相处，从同伴中获得支持和关怀，既满足了情感社会支持，又获得了归属感和安全感，进而对自己的生活状况产生积极的评价，也体验到了更多的积极愉悦的情绪。第三，师生关系的水平影响着中小学生的主观幸福感。研究表明，当师生关系困扰程度越低，则小学生的主观幸福感越强；师生关系与青少年的成长存在显著相关，有时甚至超过亲子关系（林艺娟，2018）。

相关研究也表明积极关系能提升个体韧性。在心理韧性的众多影响因素当中，较高的人际关系质量对促进个体心理韧性提升起着重要作用。根据关系文化理论观点，所有的心理成长都在人际关系中形成，脱离人际联结将会带来一系列心理问题，提升人际联结能力有助于提升心理韧性水平（吴贤华等，2017）。经过一项30年的纵向研究，Werner等人（2001）发现，受到来自家庭、同伴、教师的支持，有助于提升个体的心理韧性水平。那些与父母有着积极关系的儿童和青少年，具有更强的心理韧性，当孩子与父母建立了显著的情感联结，他们能更有创造性地面对挑战，也更容易成功。积极的同伴关系有利于增强儿童和青少年的心理韧性，良好的同伴关系可以显著提高他们的自信，并使他们将来踏入社会时能更容易与其他人进行积极的互动。在儿童和青少年获得心理韧性的过程中，积极的师生关系起着重要作用，他们出现偏差行为的可能性降低，更少出现酗酒、自伤和自杀等行为。因此，有效地改善亲子、同伴和师生关系，提高人际交往能力对提高心理韧性有着良好的促进作用（关天宇等，2018）。

此外，研究还表明积极关系能增强人生意义感。人际关系影响生命意义感，良好人际关系是生命意义的重要源泉（张荣伟，2020）。亲子关系是生命意义感最重要的预测变量，如果个体与父母形成了持久而稳定的情感联系，这种情感纽带将会使个体有更明确的生命目的感和意义感，更容易明确并努力追求自己的人生价值，以更积极的生活态度来面对人生的风雨。陈良等（2019）研究表明，同伴关系和师生关系影响中小学生的生命意义感。他们和同伴共同面对升学压力，追求人生理想，在同伴群体中获得支持和力量，找到了归属感和安全感。马茜芝（2018）研究表明，教师为中小学生指引人生方向，良好的师生关系有利于提高学生的学业成绩，有助于他们更好地追求人生目标。

结合以上文献参考，本研究中的黄之积极关系课程旨在发展学生社交技能、沟通能力、爱的能力、建立和维护有价值的人际关系的能力，了解关系中的自我、他人与情境的关系，学习积极有效的沟通技巧，如非暴力沟通、主动建设性回应等，从而构建积极、稳定、互相支持的人际关系。

据此，本研究团队特设计黄之积极关系系列积极生命教育课程。

表2-4　黄之积极关系课程教学目标、重点内容与专题

教学目标	重点内容	课程专题	
认知目标：了解人际交往的特点，认识到人际关系的重要性。能说出与父母有效沟通的技巧，与同伴积极交往的策略，和老师友好相处的方法 情感目标：能够正确地看待人际冲突，学会换位思考理解他人。愿意去建立和维护积极的人际关系，培养对他人和社会的积极情感 行为目标：能够掌握非暴力沟通的技巧，并应用于现实生活中，能够更好地与父母、同学和老师友好相处，建立良好的社会支持系统	关系是一个人生活的核心，人与人之间的联结。中小学积极关系建立与发展主要体现在亲子关系、同伴关系、师生关系三个方面 1. 认识亲子关系，学会建立与发展积极的亲子关系 2. 认识同伴关系，学会建立与发展积极的同伴关系 3. 认识师生关系，学会建立与发展积极的师生关系	小学	1. 我的家庭树 2. 我有好朋友 3. 我爱老师
		初中	1. 我的父母我的家 2. 做一个受欢迎的人 3. 走近老师
		高中	1. 爱在家人间 2. 良好沟通有门道 3. 师生情谊

五、紫之积极意义课程规划

积极意义是指个体为他人和社会谋福祉而获得的崇高的内在价值的体验。当个体感觉从事的活动有积极意义时内心感觉充实，而非空虚匮乏。

该模块的核心理论是意义管理理论，意义与满足人们生存和快乐的基本需要有关，意义管理的内容是人们的心理世界，包括自我感受、期望、知觉、思想等。意义管理的对象则是个体所有的恐惧与希望、遗憾与欢庆、怀疑与信任，以及人们经历的种种意义。个体通过管理发现快乐的源泉和人生的希望，获得一种意义感和满足感，用来应对人生的挫折、不幸和死亡。研究发现，意义对个体很重要。

首先，感受到人生的意义有益于个体的身体健康。Glaw 等人（2017）认为，有较高生命意义体验感的个体，其身心健康水平也比较高。生命意义感作为更高层次的心理需求，有助于个体更好地应对压力和适应压力（Miao，2019）。YG Bachner（2012）研究发现，吸烟者与非吸烟者的生命意义感得分有显著差异，吸烟者的生命意义感得分显著低于不吸烟者。乌日娜等人（2016）的研究表明，大学生对自己的生命存在积极、清晰的认识，个体会采用相对积极的问题解决方式，而不是采取退避、幻想，如抽烟、酗酒、追求感官刺激、沉迷网络，甚至自伤、自残等影响身体健康的消极方式。姜园园（2020）发现，个体对人生意义理解充分，会具有积极的健康行为观点和应对策略，自觉地建立起良好的行为习惯，如加强体育锻炼、科学作息等。

其次，感受到人生意义能提升个体生活满意度并使之建立和谐的社会关系，提升幸福感。有研究表明，生命意义感高的学生，他们对目标有清晰的认识，对行为有稳定的内在评价标准，对自我价值有正面的肯定，对生活的态度更加积极，更能投入当下的生活、学习和工作中，因此学习、生活有更高的满足感（张姝玥，2015）。靳宇倡等通过元分析的方法来探讨生命意义与主观幸福感的关系，发现生命意义与主观幸福感、生活满意度和积极情感呈显著负相关，与消极情感呈显著正相关。感受到生命的意义，对生活更加满意，有更多的积极情感，个体能以开放、自信的态度去建立和维护社会关系，总体幸福感会提高（靳宇倡、何明成、李俊一，2016）。林国耀等（2021）研究表明，社会支持和生命意义感可以正向预测主观幸福感；生命意义感在朋友支持、家庭支持和主观幸福感之间起部分中介作用。

最后，感受到人生意义还能预防抑郁症、躯体疼痛和危险行为的发生。大量的实证研究表明，生命意义感与个体心理健康联系密切。Steger（2008）等研究发现，生命意义的缺失感与精神疾病、焦虑、创伤后精神失调、自杀等发生密切相关。生命意义的实现与身心健康之间存在正相关的联系，而生命意义的缺失会造成以焦虑抑郁为代表的心理障碍。Kleftaras（2012）等调查了401名海军新兵，探讨了生命意义维度和抑郁与一般心理健康的关系，以及个体在低、中、高三种抑郁水平之下表现出的生命意义的差异，发现生命意义感和抑郁症状之间有密切的关联，拥有更高生命意义感的个体往往较少有抑郁症状，而拥有更高抑郁分数的人往往有较低的生命意义感。国内赖雪芬等人（2016）研究发现，在中学生群体中，生命意义感中的人生意义体验对心理健康中的抑郁起着负向预测作用。裴炎（2013）的研究表明生命意义感和个体躯体化症状显著负相关。生命意义能够调节应激条件下的心理健康，它在个体遇到危机和挫折时能发挥独一无二的作用（李虹，2006）。刘静、谢杏利（2015）发现学生的主观幸福感、生命意义感等积极品质的提升能一定程度地改善学生的自杀态度，降低极端行为发生的概率。

罗依·包麦斯特认为，要想过有意义的生活，需要满足以下四个要素：目标、价值观、自我效能感和自我价值感。这是因为意义能够给人提供对生命、个人存在的使命感与方向感。更重要的是，体验到人生的意义与生活的价值本身就是人生幸福的重要体现之一，积极意义也是塞利格曼"幸福五要素"模型的重要组成部分。研究还发现，增进个体意义感的策略包括了做出符合个体价值观的行为，以及提升使用个人的优势来帮助他人的能力。

结合以上文献参考，本研究中的紫之积极意义课程旨在培养学生形成正确的价值观，建立人生意义感和方向感，追求有价值、有意义的理想目标，并激发他们持久的内在驱动力。使学生在更大范围内、更高层次上获得崇高的生命价值和精神体验。

据此，本研究团队特设计紫之积极意义系列积极生命教育课程。

表 2 - 5　紫之积极意义课程教学目标、重点内容与专题

教学目标	重点内容	课程专题	
认知目标：了解每个人都是独一无二的，都有其独特的生命价值，明白人生的高潮和低谷都有其生命意义，能阐述自己的人生意义和使命 情感目标：体验生命意义带来的充实感和力量感，激发个体探索人生意义的动力；能够赋予成败以积极的意义；树立正确的人生观和价值观，不断丰富生命的色彩 行为目标：培养学生将人生意义与社会实践相结合，努力追求有意义的理想目标；能够正视过去，充满希望，活在当下，脚踏实地	意义是指个体用全部的力量和才能去服务一个超越自身的东西，具有超越性，中小学积极意义课内容主要包括： 1. 探索生命的意义，明白生命的独特价值 2. 树立正确价值观，追求有意义的理想目标 3. 将人生意义与社会实践相结合，塑造积极的信念	小学	1. 我的生活有意义 2. 我的理想 3. 榜样伴我行
		初中	1. 我的生命线 2. 我选我价值 3. 追逐青春梦想
		高中	1. 探索生命的意义 2. 我的职业价值观 3. 规划缤纷生涯路

六、橙之积极成就课程规划

积极成就指的是发展个体的潜力以助其实现并达成有意义的目标。其具体包括培养个体遇挫后的复原能力、坚持不懈的毅力、解决问题的才干、成长型思维模式以及具备实现有价值的目标的能力，从而在人生重要领域获取竞争力与成就的能力。积极成就的理论基础主要是目标设定理论、思维模式理论和脑神经可塑造理论。

积极成就研究表明，幸福与积极成就的关系是双向的。Amabile 等（2010）认为从创造力的影响因素来看，内部动机占有重要的位置，当个体受到内部动机的驱使时，会促进个体本身的工作有所增加，个体更希望参与挑战，产生愉悦、满意以及有兴趣的感觉，进而能够促进创造力的产生。国内也有学者开始关注动态情感对创造力的影响（何晓丽等，2011）。蒿坡等（2015）的研究发现，积极的情感反转（情感由消极转变为积极）有利于提升个体的创造力，而消极的情感反转（情感由积极转变为消极）不利于提升个体的创造力。

此外，关于思维模式与学业成绩的关系是教育心理学的重要研究与发现。固

定型思维模式指个人认为智力与才能是固定的、难以改变的，而成长型思维模式指个人认为智力与才能可通过持续努力与正确训练而不断发展。美国的一项关于积极成就的实验研究发现，成长型思维能增强学生应对挫折的韧性、实现目标的毅力、创造价值的内驱力，进而提高他们的学业成绩。心理学家卡罗尔·德韦克在其经典作品《终身成长》（2017）一书中阐述，当我们认为智力和能力可增长时，我们就拥有了成长型思维模式。天赋只是起点，人的才智通过锻炼可以提高，只要努力可以做得更好。成长型思维使得学生不畏挑战和失败，德韦克及其团队发现了那些拥有成长型思维的个体更注重在努力的过程中自己所取得的进步和能力的提升，而不是事情最后的成败，其最终取得的成绩也比固定型思维的个体更加优异。Backwell 等人（2007）曾开展过一项纵向追踪研究，研究对象是300 多名初中生，结果发现，固定型思维模式的学生在步入中学后成绩开始下滑，而成长型思维模式的学生面对年级升高的压力在初中阶段却更加努力学习并采取了更有效的学习方法，他们的成绩不仅没有下降反而有所提升。Zeng 等人（2016）对中国 1 000 多名中小学生的研究发现，成长型思维会通过影响个体的复原力进而影响学生的心理幸福感和学校参与度。

清华大学积极心理学研究中心针对中国五所学校的研究表明，提升中国学生的成长型思维模式能促使其提升学业投入度与心理幸福感，而且能有效帮助学生直面挫折。清华大学附属小学的积极教育实践采用准实验研究，实验组接受 9 节积极教育实验课程，内容主要包括：发现美好、感恩体验、感恩行动、善意助人、品格优势、他人优势、发挥优势、成长型思维、总结，而对照组不接受积极教育实验课程。其中成长型思维的积极教育课主要通过游戏的形式，向学生展示成长型思维和固定型思维的异同，引导学生更多地用成长型思维来看待事物。研究结果表明，在积极教育课程开始前，实验组与对照组在人生蓬勃度变量上无显著差异，课程结束后，实验组与对照组的人生蓬勃度差异显著。

研究还发现，接受积极教育课程有利于培养学生的积极心理品质，使学生自主地投入学习，有助于其目标的实现。再以清华大学积极心理学研究中心在运城职业技术学院的积极教育实践为例，参与调查者是大学一年级 5 个专业的 10 个班级的学生，该实践主要调查学生的幸福感、身心健康、学习动机和积极心理品质。其中关于成长型思维的研究结果显示，成长型思维与个体未来的成就和幸福感等指标有显著正向关系。

学生直面困难的坚毅力、遭遇挫折后的复原力与取得成就的内驱力对于个体取得成绩至关重要，而这些都与成长型思维模式高度相关。

结合以上文献参考，本研究中的橙之积极成就课程旨在改善学生的思维模式，培养学生遇到挫折后的复原力、坚持不懈的毅力、解决问题的才干以及用成长型思维模式来提升其实现有价值的目标的能力。

据此，本研究团队特设计橙之积极成就系列积极生命教育课程。

表 2-6 橙之积极成就课程教学目标、重点内容与专题

教学目标	重点内容	课程专题	
认知目标：了解积极成就的含义和作用；了解影响成就的心理因素，学习提升积极成就的方法 情感目标：使学生能够正确看待成就与失败的关系，培养学生战胜挫折困难的坚毅和勇气，让学生更关注于长期的社会、个人成就，实现自己想要的有价值的目标 行为目标：培养学生遇到挫折后的复原力、坚持不懈的毅力、解决问题的才干，并用成长型思维模式来提升其实现有价值的目标的能力，向成就迈进	成就主要指达成个人的理想和目标。中小学积极成就课程内容主要包括： 1. 确立及坚持目标 2. 正确看待挫折，培养坚毅及心理韧性 3. 建立及培养成长型思维	小学	1. 目标引领我 2. 战胜困难兽 3. 从批评中学习
		初中	1. 青春修炼手册之一：目标达成篇 2. 青春修炼手册之二：逆境成长篇 3. 青春修炼手册之三：大脑可塑篇
		高中	1. 我选我人生 2. 坚持的力量 3. 成长型思维的魅力

七、青之积极品质课程规划

积极品质是一种心理特质，培养学生积极心理品质是整个课程的基石。该模块的理论基础是优势与美德。

积极心理学的创始人彼得森与塞利格曼研究归纳了各民族的主流价值观、文化传承等，包括中国的儒释道，总结出人类共有的仁爱、勇气、公正、节制、智慧、超越六大美德，以及构成这些美德的 24 项积极心理品质。六大美德前 5 项分别与中国的传统美德、儒家提倡的"五常"，即"仁、义、礼、智、信"相似。24 项积极心理品质包括好奇心、洞察力、好学、创造力、思维开放性、希望和创造力等品质；勇敢、活力、坚韧、正直、公平和领导力等品质；善良、宽容、爱、社会智能（情商、人际智能）和欣赏他人等品质；欣赏美、卓越、灵性、感恩、幽默、希望等品质。

研究表明，培养学生积极心理品质有助于其获得更高的人生幸福感。塞利格曼（2012）在其著作《持续的幸福》中提出 PERMA 理论，即实现幸福人生有五大支柱，分别是：积极情绪、投入、人际关系、意义和成就，而这些支柱的基石，就是 24 项积极心理品质。以清华大学积极心理学研究中心在运城职业技术学院的积极教育实践为例，参与调查者是大学一年级 5 个专业的 10 个班级的学生，该实践主要调查学生的幸福感、身心健康、学习动机和积极心理品质。其中，积极品质方面，主要调查学生的心理韧性、成长型思维以及希望思维这 3 个维度。心理韧性是面对严重困难，个体依然适应和发展良好的现象。上述研究证明积极教育对心理韧性有保护作用，在遇到挫折时，实验组能更好地应对挫折，适应环境变化。成长型思维是相信能力和才智是可以提升的思维模式。上述研究证明，接受积极教育的实验组学生更相信人的才智可以通过锻炼提高，只要努力就可以做得更好。而这种思维方式与未来的成就和幸福感指标有显著正相关。希望思维是基于内在成功感的积极的动机状态，为了达到目标所建立的一套内在认知评估机制，在追求目标的同时，它会评估内外在条件，寻找各种可行的方法，以及追求目标时所需具备的动力思维。上述研究证明接受积极教育的实验组学生更了解自己的目标，有更多可以实现目标的方法。

研究还表明，积极心理品质能使学生拥有更好的学业成绩，以及形成更完善的社会功能，并且降低其出现行为问题的概率；引导学生关注自己已有的积极品质及优势，并通过各种教学活动帮助学生在学习过程中发现自己的天赋，发展和应用自己的优势，这对于学生的学业成功、幸福人生很重要，美国学者安德森（E. C. Anderson）（2009）将这种教育定义为优势教育。美国阿兹塞太平洋大学的一项研究发现，接受了优势教育后，学生对学习更投入，考试成绩更理想，学生的负面行为也有所减少，因为优势教育的本质，是让学生更好地表达自我品质中积极的那一面（Cantwell，2005）。

但并不是每个人先天就具有某些积极心理品质，塞利格曼（2010）在《真实的幸福》一书中指出，积极心理品质是可以在后天培养的，充分了解自己具备哪些优势心理品质并积极培养，对个人在学习、工作及个人幸福方面发展很重要。樊飞飞（2014）在苏州某学校开展研究，抽取该校七年级两个班级，一个作为实验组，一个作为对照组。首先对两个班级采用问卷法前测，两个班级的积极心理品质无显著性差异，接着，对实验组进行十次积极心理品质课程的授课，课程结束一周之内，对实验组和对照组再次采用问卷法后测，课程结束三个月后，对实验组继续采用问卷法追踪评估。本研究的自变量是初中生积极心理品质的课程，因变量是学生在积极心理品质和幸福感等方面的变化情况，利用研究工具《综合幸福问卷》《中学生心理健康量表》《初中生积极心理品质量表》进行前后测。研究结果表明，通过十次积极品质课程学习，实验组学生的积极品质如：喜爱学习、好奇心、开放思维、洞察力、坚持、友善、爱、团队合作、自制力、感恩希望、信仰均有显著性差异，实验后得分显著高于实验前得分。这表明积极心理品质可以后天培养。

所以学校要制定长远规划并致力于促进学生积极心理品质的养成，使学生具有稳定、健全、积极的美德与人格特质，相信积极心理品质或者优势是可以通过毅力、决心和辛勤努力而不断发展的；为学生在未来人生道路中获得持久稳定的幸福感提供坚实保障。积极心理品质教学既可以单独成为一个模块课程，又可以贯穿于其他六个教学模块之中。

据此，本研究团队特设计青之积极品质系列积极生命教育课程。

表 2-7　青之积极品质课程教学目标、重点内容与专题

教学目标	重点内容	课程专题	
认知目标：了解24项积极心理品质的概念和分类；了解24项积极心理品质各自的特点和意义，掌握积极品质的提升和培养方法 情感目标：帮助学生识别和发展自身的积极品质以及欣赏他人的积极品质，促进学生主动发扬自己已有的积极品质，并有意识地培养自己暂时不具备的积极品质 行为目标：掌握发挥积极品质的方法，将自己具备的积极品质与实际生活相结合，主动创造美好的生活	积极品质是一种心理特质，是后天可以培养的。积极心理学研究提出24项积极心理品质，中小学积极心理品质课程内容主要包括： 1. 培养好奇心、洞察力、好学、创造力、思维开放性、希望和创造力等品质 2. 培养勇敢、活力、坚韧、正直、公平和领导力等品质 3. 培养善良、宽容、爱、社会智能（情商、人际智能）和欣赏他人等品质 4. 欣赏美、卓越、灵性、感恩、幽默、希望等品质	小学	1. 好奇小精灵 2. 我有勇敢的心 3. 我会表达爱
		初中	1. 培养创造性思维 2. 做一个公平正直的人 3. 宽容待人
		高中	1. 心怀希望，奔向未来 2. 激发生命的活力 3. 竞争与合作的智慧

第五节 "七彩积极生命教育"微课程开发的意义

一、为一线教师和家长提供积极生命教育课程资源

后疫情时期，我们对一线教师和家长开展了关于积极生命教育现状的调研。调研以积极心理学和生命教育为主要依据进行问卷设计，通过问卷反馈的数据分析后疫情时代家庭和教师对积极生命教育课程的需求。

本次调查的对象包括广州市黄埔区10所试点学校（小学3所、初中3所、高中3所、职业技术学校1所）的2 132名家长、220位教师。本次调研采用问卷调查法，共发放家长问卷2 132份，收回有效问卷2 102份；发放教师问卷220份，收回有效问卷220份（见表2－8）。

表2－8 各学段家长、教师比例

学段	家长比例（%）	教师比例（%）
小学	11.75	9.09
初中	15.51	27.73
高中	56.14	31.82
职业技术学校	16.60	31.36

1. 为家庭积极生命教育更新提供课程资源

面向家长的调查显示，目前在传统生命教育模式下，家庭对生命教育内容的理解单一、传统、陈旧。家长对孩子生命教育的实践多集中在生命安全、生活技能及生存能力训练方面，即注重保全生命的教育；家长对孩子生命潜能激发及积极心理品质的培养，即对孩子发展生命、成就生命等精神生命教育重视程度不够（具体见表2－9）。因此更新家庭生命教育理念，为家庭生命教育注入"积极"理念对青少年健康、幸福成长具有重要意义。

表2－9 家长重视的生命教育内容

关注生命教育内容	家长比例（%）
生命安全	85.87
生活技能	83.59
生存能力	78.16
积极自我	53.47

（续上表）

关注生命教育内容	家长比例（%）
积极情绪	66.18
积极关系	75.69
积极投入	73.69
积极意义	47.67
积极成就	27.21
积极品质	14.75

本研究团队开发"七彩积极生命教育"微课程资源，并上传到网络平台，方便家长线上学习；让家长了解积极生命教育知识、技能、情感态度和价值观，从而对生命教育内容有更全面的认识，改善传统生命教育观念。这对协同家校教育、实现家校共育、实现对学生进行积极生命教育的目标有着非常重要的意义。

2. 为一线教师提供积极生命教育课程资源

面对中小学教师的调查显示，从总体上看，教师虽然认为积极生命教育很重要，但教师本身对积极生命教育的理念、目标和原则、内容体系、评价方式缺乏系统的学习和了解。例如，调查显示63.18%的教师自身对积极生命教育课程了解较少；83.64%的教师没有系统地参加过积极生命教育课程的培训，缺乏相应的知识技能。所以，"七彩积极生命教育"微课程资源的开发适应了后疫情时期学校全方位开展积极生命教育形势的需求，完善了积极生命教育课程资源。我们通过教研、科研和培训相结合的方式，加快对团队教师的培训。一方面通过线上和线下混合教研，采用课例研讨方式，以研代培，切实提高每一位教师积极生命教育的知识和能力，充分发挥心理教师在积极生命教育中的引领作用；另一方面，所开发的课程放在网络平台上，为一线教育工作者、班主任开展积极生命教育提供了专业的教学资源。

二、为学生健康幸福成长保驾护航

疫情以及后疫情时期，学生心理问题及心理危机频发，甚至有的学生出现了自伤、自残、自杀等心理行为问题。面对学生心理危机高发的态势，我们开发"七彩积极生命教育"微课程，旨在使学生通过积极生命教育课程学习，培养他们积极乐观、健康向上的心理品质，促进他们身心和谐的可持续发展，为他们健康生活和幸福成长奠定基础。

　　"七彩积极生命教育"微课程作为新型学习资源，在网络通信发达的时代，通过网络平台快速传播，利用微信公众号、视频平台、家长群、班级群等实现资源共享，提升课程的覆盖面和影响力。这些微课程在停课不停学的时期及学生复学返校后对学生心理行为调适及身心健康发展发挥了重大作用。"七彩""七维"积极生命教育课程，让七彩阳光播撒在每个学生身上，为其生命着色，为其幸福人生奠基。

第三章 "七彩积极生命教育"微课程的实施

第一节 微课程的组织

"七彩积极生命教育"微课程框架及七维目标是课程内容设计、实施和评价的基本依据，在实施过程中，应当遵照课程方案的要求，结合本校学生的身心发展规律和实际需要解决的问题开展教育活动，有效促进每个学生的身心和谐发展，挖掘学生潜能，激发学生生命活力，让七彩阳光播撒在每个学生身上，为其生命着色，为其幸福人生奠基。

一、整体把握微课程目标、年段目标、主题目标与教学目标的关系

学生的身心成长是一个连续不可分割的整体，"七彩积极生命教育"微课程总体七维目标要根据学生身心发展特点和各年龄段心理发展特点及需求，分解成年段目标，每一个年段目标的核心就是主题目标，每一个主题目标需要落实为一系列的教学目标。因此，教学要从整体上把握好课程目标、年段目标、主题目标与教学目标，每一个课例教学目标要明确、具体，注意可行性、针对性和实效性。

二、微课程教学设计以体验式的活动促进学生知、情、意、行的统一

"七彩积极生命教育"微课程的实施应以活动为主，可以采取多种灵活方式，具体包括绘本故事、角色扮演、游戏辅导、心理情景剧、心理训练、问题辨析等方式。学习中根据学生的具体情况确定教学目标，联系生活实际提供各种发展情境让学生进行体验学习，从而使学生在认知上不断丰富提高，在感悟中体验积极情感，在矛盾解决和问题解决过程中不断挖掘自身潜能，在实践过程中不断

建构与发展积极自我、积极情绪、积极关系、积极投入、积极成就、积极意义及积极品质，激发学生潜在的具有建设性的力量，促进个人积极健康发展，帮助学生提升生命意义感、生命价值感及幸福感等。

第二节　微课程的管理

我们建构的"七彩积极生命教育"微课程，与积极心理学和积极教育有着密切的关系，属于学校心理健康教育课程的范畴，课程的定位是：

（1）在教学目标上，通过培养学生积极、乐观的心态，激发学生生命潜能，令其体验到更多积极心理状态，使学生能尊重珍爱生命，乐观积极生活，树立正确积极生命观，以形成完整的积极人格与心理技能为最终目标。

（2）在教学内容上，要回归学生生活实际，调查了解学生实际心理需求，在"七彩积极生命教育"微课程框架下，以构建与发展学生七维积极品质为主。

（3）在教学方法上，提倡以体验活动式的方法为主，教学过程采用"4F"反思教学法（具体见"第四节　微课程的评价"）。此外可以根据主题内容灵活选择包括讲授法、访谈法、讨论法、演示法、实践教学法、视频法等。例如，教师通过提前录制演示视频或者寻找与主题相关的影视视频在课例中播放，既有趣味性，又能生动直观地呈现教学内容。如"寻找生命的意义"一课，教师运用电影《心灵奇旅》视频片段，将微课观看者迅速带入主题情景中。

（4）在结果反馈上，通过课堂教学过程的观察、访谈教师和学生，了解课程为学生积极乐观学习生活的态度、尊重珍爱生命的观念和行为，以及感受幸福的能力提供的支持和指导作用。在课程开展过程中，可以通过访谈法、课程满意度调查法即时了解学生对课程的看法、满意度等；在课程结束后，进行前后对比数据分析，在实际教育教学中验证课程的科学性和有效性，探讨出"七彩积极生命教育"微课程的实施策略和评价方法，并不断开发课程、完善课程资源包。

第三节　微课程的实施

课程实施是指某项课程计划付诸实践的具体过程。区域教研院统一规划"七彩积极生命教育"微课程的具体实施，整体思路是先从课题组10所试点学校开始实施课程，心理教师或者班主任利用心理课和班会课的课时授课，课程开发成熟后再推广到全区其他中小学。课程实施具体遵循以下两个原则：

一、家校共育，打造积极生命教育共同体

布朗芬布伦纳生态系统理论认为人与人之间、人与事之间是互相影响的，青少年成长的系统环境包括家庭、学校、社会等。家庭是生命发生、发展的第一及主要场所，家庭伴随孩子的成长。家庭的结构模式、家庭的文化底蕴、家庭氛围及家庭的教养方式都会潜移默化地烙入孩子的生命，从而奠定孩子基本的生命底色和精神面貌。良好的家庭教育应该教会孩子营造人生幸福，这是学校教育无法替代的。但目前家长严重缺乏这方面的意识，调查显示有90%的家长没有受过生命教育课程系统培训，缺乏对孩子进行生命教育的相关知识及技能。

据调查表明，疫情发生以来亲子冲突是引发学生心理问题的重要应激源。在区域一项《学生对生命教育课程需求调研》显示，30.8%的学生在遇到困难时选择不向家人寻求帮助，19.1%的学生与家人的相处存在不同的矛盾问题，14.7%的学生压力与情绪问题由家庭矛盾造成。所以，在家校共育，打造积极生命教育共同体理念下，课题组在前期主要针对学生群体开发出七个模块主题微课程的基础上，后续将开发"七彩积极生命教育"微课程（家长篇）。通过公众号向家长推送系列微课、微视频，从而培养家长科学教育观，促进亲子沟通，营造良好的家庭氛围和积极的家庭关系，从而为孩子提供正向积极支持等，这是"七彩积极生命教育"微课程实施效果的重要保障。

二、双轮驱动，线上线下相结合

"七彩积极生命教育"微课程授课方式采取"双轮驱动，线上线下相结合"的方式实施，对面向学生的已开发的和面向家长的将要开发的系列微课程，授课者均积极探索课堂教学和网络课堂有机结合形式，增强课程实效。

"七彩积极生命教育"微课程由名教师团队开发，团队集中了区域各校40多名心理骨干教师。团队的每位成员既是课程的开发者，也是课程的实施者，他们负责在各校通过心理课或者班会课等途径推进该课程线下实施，各校心理教师负责管理和安排课程进度。另外微课视频教学依托区域心理研究网络平台进行播放，学生、家长可自主安排时间通过线上方式学习视频课程。

第四节 微课程的评价

"七彩积极生命教育"微课程评价遵循本课程的基本理念和目标，即培养学生积极乐观的心态，激发学生生命潜能；促使学生尊重珍爱生命，乐观积极生活，从而使学生树立正确的生命观，提升生命意义感、生命价值感及幸福感。

课程评价的目的是激励每个学生的发展，"七彩积极生命教育"微课程采取过程性评价和量相结合的评价方法。

一、采用"4F"动态反思法，进行过程性评价

过程性评价是指每一节课或是每一个主题课程完成后，在课中、课后即时进行观察、访谈和问卷调查。我们尝试在课中采用"4F"动态反思法引导学生进行整合学习，训练学生自我察觉及反思的能力，并从学生的反思中观察了解课程的效果。"4F"动态反思法归纳出四个"F"的提问重点，包括：Facts（事实）、Feelings（感受）、Findings（发现）、Future（未来）。Facts 用钻石牌表示事实，指所观察到的客观事物；Feelings 用红心牌表示感受，指真实的情绪、情感表达；Findings 用黑桃牌表示发现，指对现有现象的归纳；Future 用梅花牌表示未来，指将新的经验应用到未来。同时我们以扑克牌的花色说明反思的内涵，并依照扑克牌的次序，发展出引导学生从经验中学习的模式，具体如图 3-1 所示。

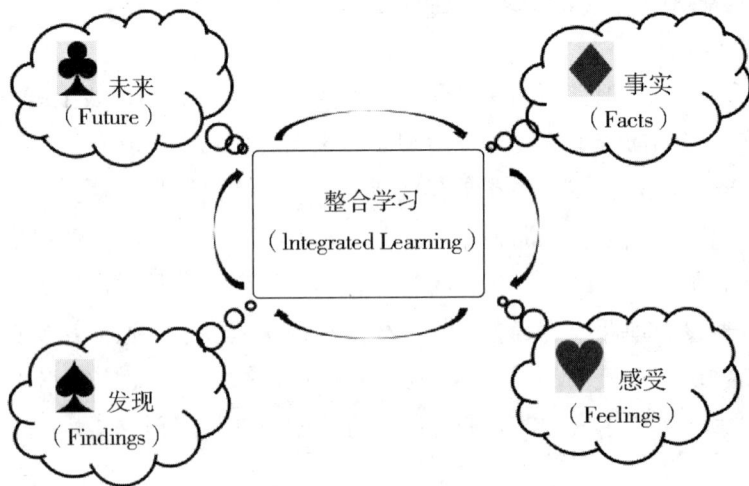

图 3-1 "4F"反思法与整合学习

表 3-1 "4F"反思内容及提问法举例

红牌代表经验中的故事		黑牌代表了学习、成长与改变	
Facts ◆事实	Feelings ♥感受	Findings ♠发现	Future ♣未来
以红方块代表事实有很多面，透过不同角度，观察和描述不同	以红心代表个人的感觉和情绪，分享主观感受和直觉	黑桃代表寻索内心的一把铲子，寻找原因、解释、判断或者是澄清信念，以及从经验中挖掘对个人带来的意义	多瓣的黑色梅花代表多向度的思考，如何将经验转化和应用到未来的生活中
每个学生的成长经历、生活环境都是不一样的，在活动中，所看到的、感受到的、觉察到的是有所差异的。通过讨论分享，提高学生多角度看待同一件事情的能力	通过对学生感受的了解，来判断设计的活动是否达到预期效果，进而对活动的目标实现情况做出一定评估	此阶段要了解学生的内心动态，哪些教师想要传达的理念被学生内化，还有哪些没有；总结活动中哪些经验给学生带来了改变（意义、认知）	未来，它是一个时刻，也可以是一个时间段。未来的运用，是学生把游戏中所学到的用在现实生活中
"4F"提问法举例			
提问举例： 1. 发生了什么事情 2. 你看到了什么 3. 活动中印象最深刻的一件事是什么 4. 如何解决这个问题	提问举例： 1. 你的感觉如何 2. 刚才令你紧张的过程是什么 3. 大家当时的心情如何 4. 如果你是主角，你感受怎么样	提问举例： 1. 为何会出现这样的结果 2. 什么原因使你这样认为 3. 你从中学习到了什么	提问举例： 1. 这件事对你未来会有怎样的影响 2. 你对将来的期待是怎样的 3. 如果再一次，你会怎样安排

　　"4F"反思应该是持续的，反思内容应该联结课程内容和具体的生活经验，教师在引导反思过程中应给予挑战，促使学生面对他们的假设和艰难的问题进行反思，反思应整合到方案或课程中。下面以"跳出头脑包围圈"一课为例，说明教师是如何在教学过程中引导学生进行反思的。

表3-2　"4F"反思法实例"跳出头脑包围圈"课例

"4F"环节	情境创设	问题设计	评价维度
1. 事实（Facts）	在本微课中，播放电影片段《头脑特工队》，主角莱利的头脑特工喋喋不休，争吵不停，莱利的情绪非常烦躁	引发学生思考，你刚才在影片中看到了什么剧情？你印象最深刻的一幕是什么？大脑特工对莱利的影响是什么	求知力：对事实多面的了解和描述
2. 感受（Feelings）	在本微课中，设置在学生日常生活情境（学习、睡觉、写作业等）下，头脑特工出动会怎么体验情境	引发学生思考，大脑特工对你平时的学习生活的影响是什么？你和莱利有哪些类似的感受？当你的大脑特工出动，你有什么感受？你觉得自己是否可以控制大脑特工	感受力：对事实引发的内心感受的体验和描述
3. 发现（Findings）	在本微课中带领学生现场体验正念吃水果	让学生在吃水果的过程中去发现正念地吃是怎样的一种感觉？和平时的吃有什么不同？在吃的过程中进展到哪个部分的时候你的身体或者内心有非常特别的感觉？那是怎样的一种感觉？这对于你有什么启发	发现力：带着好奇、灵活、开放的心态专注于此时此刻，不带评判，觉察此时此刻自己的身体、内心的变化
4. 未来（Future）	在本微课中带领学生学习体验正念观呼吸＋锚定技术，指导学生在以后的学习生活中运用正念的方法调节自身情绪	正念对于静心有什么作用？正念练习对你未来的影响可能是什么？练习中可能出现的阻碍是什么？怎样才能在日常学习生活中践行正念的态度	行动力：探讨学生可能遇到的困难阻碍和应对策略并落实在未来行动中

综上，"4F"反思法是以学生为主体的教学评价方法，教师通过"4F"反思法与整合学习法可以对学生学习"七彩积极生命教育"课程效果进行动态评价。

二、采用心理测评法，进行终结性评价

课题组采用心理测评系列组合量表，进行课程开展前后效果对比调查。课题组采用的组合心理测评量表包括：生命意义感量表（MLQ）中文修订版、心理幸福感量表（PWBS）、积极情感消极情感量表（PANAS）、青少年心理韧性量表、流调用抑郁自评量表（PHQ-9）、焦虑障碍量表（GAD-7）。

课题组在课程实验学校使用心理测验法评价微课程的教学效果，在课程开始前用组合量表进行前测，课程实施结束后进行后测，再进行数据统计分析比较，进而评定微课程实施的效果，了解课程在提升学生生命意义感、生命价值感及幸福感等方面提供的支持和指导作用。

"七彩积极生命教育" 精品微课示例

第四章　绿之积极自我课程

第一节　绽放生命之花
—— 我能发现生命的意义①

儿童对于生命与死亡的概念发展具有阶段性，其中大部分小学高年级的学生能够理解死亡的生物性意义，但是对生命的价值和意义的概念较为模糊。人的幸福不会凭空而来，它只产生于"有意义"的时刻；意义也不会凭空而来，它只发生在"参与"的过程中，发生在人与人的关系里。所以专心投入当下每一分钟的生活，就是珍爱生命的最好方式。

本次课程利用绘本和绘画活动帮助学生发现积极自我，激发积极情绪，帮助学生认识社会自我，将学生对生命的意识具体化，培养健康的身心。通过发现生命的积极意义，学生能够积极投入生活，珍爱生命，善待有限的生命，绽放生命的精彩。

活动对象

小学六年级学生。

微课扫一扫

活动准备

图画纸、彩笔、PPT。

---

① 此课程由广州市黄埔区天景小学黎思怡设计。

活动目标

1. 认知目标：懂得生命的珍贵，知道每个人的生命都是有价值的，善待有限的生命，珍爱生命。

2. 情感目标：懂得生命的可贵，树立珍爱生命、善待有限的生命、绽放生命的精彩的人生观和价值观。

3. 行为目标：使学生在体验、感悟中获得成长，发现生命的意义，学会积极自信面对生活。

活动重难点

1. 重点：启发学生认识生命的意义，并发现自己生命的价值。

2. 难点：引导学生积极自我赋能，并学会通过发挥生命的价值来珍爱生命。

活动过程

一、团体热身阶段：找出生命的热爱

教师讲解真心话健身操活动规则。

教师：老师会说出一些符合你自身情况的事情，如果你是这样的人，请做出相应的动作。

如果你是遵守交通规则的人，那么请你拍拍手；

如果你是不乱吃食物的人，那么请你跺跺脚；

如果你是坚持体育锻炼的人，那么请你叉叉腰。

老师发现同学们都用不同的方式热爱着自己的生命！今天老师要给大家介绍一位动物朋友——獴，它也用它独特的方式热爱着生命，同学们想知道是什么吗？我们一起来听听它的故事吧！

（**设计意图**：通过热身游戏调动课堂气氛，激发学生兴趣，让学生理解珍爱生命的方式有很多种，引导学生热爱生命。）

二、团体转换阶段：感受生命的可贵

（一）故事演绎《獾的礼物》

同学们认真聆听绘本故事《獾的礼物》。

教师：同学们，听完故事后，你有什么感受？你印象最深刻的是谁？为什么？

学生自由发表意见。

（二）头脑风暴

教师：老师对以下的问题十分好奇，请你与小组成员讨论，说一说你的想法。

1. 獾的"礼物"是什么？
2. 它的礼物给朋友带来了什么？
3. 獾的礼物能一直送下去吗？

小结：我们每个人的生命只有一次，非常宝贵，失去了就没有了。虽然每个人都会面临死亡，每个人的生命都会完结，但是如果我们能够在有限的生命中去做有意义的事情，那么我们生命的故事依然会延续。獾正是通过与别人的互动来留下自己生命的痕迹，发挥生命的意义来热爱生命。

（**设计意图**：通过故事演绎与头脑风暴使学生深切感受生命的价值不在于长短，而在于其意义；同时让学生意识到生命有限，但生命的意义是无限的，从而进一步促使学生去发现自己生命的意义。）

三、团体工作阶段：画出生命之花

（一）认识生命之花

教师：如果把人的一生比作一朵花，那么每个人都拥有着属于自己的生命之花，那朵花独特而珍贵。

这朵花由你与生命中的各种互动所组成，花蕊代表着你一生最重要的意义（自己给自己的期望），而你跟别人的每一次互动都是一片花瓣，也是我们每次赠予"礼物"后他人获得的感受。

每一次与他人的互动都会给人带来不一样的感受，比如：

让人感觉开心与希望的是黄色；让人感觉爱与被爱的是粉红色；让人感觉快乐与兴奋的是橙色；让人感觉感激与温暖的是红色；让人感觉忧郁、悲伤的是蓝色；让人感觉有生命力与平静的是绿色；让人感觉绝望与死亡的是黑色；让人感觉愤怒的是棕色；让人感觉孤独的是灰色；让人感觉害怕的是白色……

（二）獾的生命之花

教师：你们知道獾的生命之花是怎么样的吗？它跟别人的互动产生了什么颜色的花瓣呢？

獾一生都期望着能够给别人留下快乐与珍贵的回忆，所以花蕊是黄色的；

动物们时刻都能感受到獾对它们的爱（粉色）；

青蛙、狐狸与兔子太太学会了獾教授的技能后感觉很快乐（橙色）；

动物们收到獾留给大家的信，感觉被惦记着（红色）；

獾离世的消息让动物们感到难过（蓝色）；

当动物们在春天再次谈论起獾时感觉更舒坦了，拥有新的生命力（绿色）……

同学们看看，这朵生命之花是什么颜色的呢？是的，我们的人生很丰富，不止有鲜艳的颜色，还有暗淡的颜色。獾的生命之花更多的是什么颜色呢？那同学们希望自己的生命之花更多的是怎样的颜色呢？

（三）我的生命之花

教师：现在轮到你们了，你们会怎么画呢？请拿出你的图画纸跟彩笔，让我们一起画一画我们的生命之花。

首先，请同学们轻轻地闭上双眼，放松自己的身体，试着慢慢调整自己的呼吸，慢慢地吸气、呼气……让自己的身体慢慢地放松下来，全身都处于一种放松的状态。

请你仔细地回想在你的生命过程里，你有遇到过什么难忘的互动吗？可能是跟家人的矛盾，或者是跟朋友的趣事、与同学的交往等，他们给你的生命之花带来了什么颜色？请大胆地想象你的生命之花，把它画出来。记住哦，花蕊画的是你对自己的期望。

（**设计意图**：通过想一想、画一画的方式，引导学生感悟内在的生命意义，侧面启发学生将来要更积极、乐观、自信地对待生命。）

四、团体结束阶段：生命意义的理解与追寻

教师：同学们，在这个画画过程中，你想到了什么？你的生命之花哪种颜色的花瓣最多呢？为什么会绽放这样的生命之花？

今天我们体验的是你目前的生命之花，在未来，你还可以画下更多人生不同阶段的生命之花。同学们，我们的人生是丰富的，你希望以后怎样去绽放你的生命之花呢？

现在请几位同学来和大家分享一下。其他同学回去以后也可以跟你的家人或者朋友分享一下！

我们都知道每个人的生命只有一次，但是我们可以在有限的时间里绽放自己的生命之花。我们在不同阶段做的事情都会产生不同的影响，所以我们在日常生活中要热爱生命，珍惜每一次互动的机会，做有意义的事情。

正如著名作家毕淑敏说："人生本没有什么意义，人生的意义便在于我们要努力赋予它的意义。"老师希望经过今天的这节课，同学们能够珍爱生命，积极地绽放我们的生命之花，寻找我们生命的意义！

活动反思

通过绘画，让学生回顾自己生命过程中的互动，并赋予自己期望，启发与引导学生思考自己带给他人的影响，从而从积极的角度思考自己生命的意义。六年级的小学生的抽象逻辑思维开始加强，分析能力还在发展，所以可能无法从单纯的绘画中感受意义。教师必须在学生绘画前以"獾的生命之花"作为例子，清楚告知学生每一笔的意义，让学生在体验中分析自己目前的生命互动，从而珍爱自己的生命。

第二节　书信予己
—— 我有积极身体意象①

活动理念

　　身体意象是指个体形成对自己生理和心理功能的认知和态度。初二学生正经历着青春期生理上的剧烈变化，对于自我和他人的评价关注度高，研究数据显示仅 14% 学生对自己的体重满意。同时由于面对越发繁忙的学业生活，学生更容易产生消极否定自我的想法。消极身体意象易导致不健康的减肥行为、不合理锻炼、饮食障碍等，严重影响青少年的身心健康。

　　初二学生已经基本具备关于人体的生物学知识，能够了解一些器官和部位在日常生命活动中发挥的作用，因此本次课程根据积极心理学中提及的身体和心理之间具有紧密的联动效应的理念，通过建立积极的身体意象，从而使学生尝试接纳自己的身体，接纳自己的独特性，产生积极的自我认识。

活动对象

　　初二学生。

微课扫一扫

活动准备

　　教学 PPT、书信教案纸、《工作细胞》视频片段、《人体内的旅行》视频片段、白色大卡纸（画有人体结构）。

活动目标

　　1. 认知目标：学生认识到自己的生活是需要身体各个细胞、器官的努力协同合作的，每一个个体生活在世界上都珍贵无比。

　　2. 情感目标：学生通过向维持生命活动的器官及部位表达感谢，理解、感受每个器官对于自己的作用及其存在的重要性，从而产生积极的自我认知。

　　3. 行为目标：学生学会悦纳自己身体的每个部分，形成积极的身体意象，学会爱惜自己的身体。

_____

　　① 此课程由广州市黄埔区会元学校崔苑慧设计。

活动重难点

1. 重点：理解、感受每个器官对于自己的作用及其存在的重要性，从而产生积极的自我认知。

2. 难点：使学生学会悦纳自己身体的每个部分，形成积极的身体意象。

活动过程

一、团体热身阶段：感受身体细胞的工作

教师：请同学们观看《工作细胞》视频片段，边看边思考：这个场景里面出现了哪些细胞的人物形象，他们都在做些什么呢？

看完视频后，请同学们讨论：在我们身体内，细胞也会这样忙碌地维持我们的日常生活吗？

是的，在我们的体内，细胞每时每刻都在努力工作，红细胞在努力地搬运氧气，白细胞在努力地消除病菌的危害，血小板虽然身躯幼小但是努力为我们身体止血，各种淋巴细胞在捍卫我们的免疫系统，他们都尽自己的努力维持我们身体的正常运行。

（**设计意图**：通过观看《工作细胞》视频片段，学生认识到自己的日常生活离不开各个细胞的协同合作、努力付出，我们的生命因为这些细胞的努力工作才得以维持。）

二、团体转换阶段：感受身体器官的运转

（一）感受呼吸时身体的器官运转

教师：除了各种细胞，我们身体内其他的生命活动也离不开各个器官的参与。接下来，请同学们闭上眼睛，跟随老师的引导，一起去感受身体器官在呼吸运动中的参与。

（二）认识其他生命活动与身体器官的关系

1. 教师：除了呼吸运动，我们感受世界的活动也是通过很多器官共同完成的。接下来，请同学们观看《人体内的旅行》视频片段。

2．展示不同生命活动（听觉、视觉、触觉）的过程，请同学们抢答这些生命活动过程中有哪些身体部位/器官的参与。

（**设计意图**：通过感受最基础的生理活动之一"呼吸运动"，体会生命活动需要多个器官和部位的不断参与、协作，同时指明参与生命活动的器官，复述它们存在的重要性。）

三、团体工作阶段：书信予己

（一）撰写书信

1．教师：我们身体的每个部位、每个器官都陪伴我们生活那么多年，而且会继续陪伴我们成长。所以接下来请你给自己身体的其中一个部位或器官写一封信，可以是眼睛、嘴巴、声带、膝盖、头发等，说一说它帮助了你什么，向它表达你的感情和感谢。

2．书信格式，如图 4－1 所示。

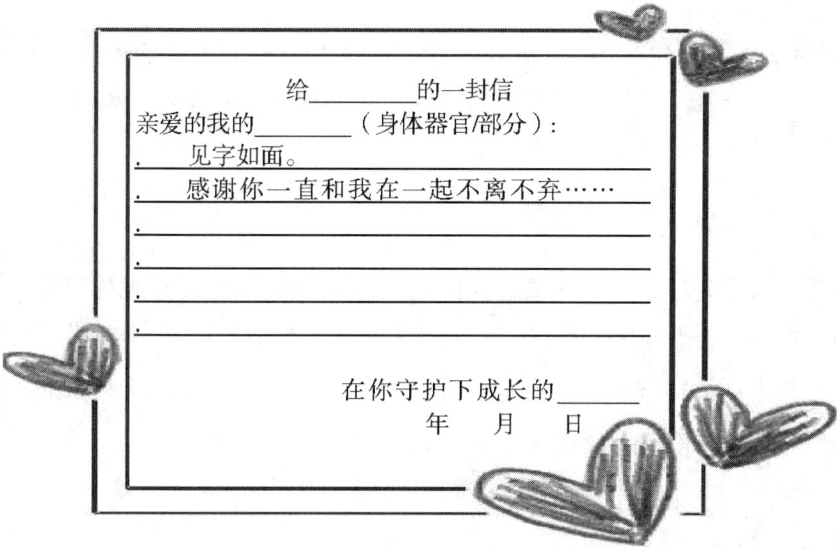

图 4－1 书信格式

（二）书信定位

1．请同学将书信贴在白色大卡纸上人体结构对应的位置（如《给眼睛的一封信》贴在眼睛的位置）。

2．读出自己书信中一小段或一两句感触最深的内容。

3. 谈一谈自己写下书信、回读书信的感受。

（**设计意图**：让学生从自己的角度和他人的角度，分别体会自己身上每一个器官在生活中发挥的作用，并且通过反思和共鸣，能够更好地感受每个器官对于每一个个体的意义，从而悦纳自己的身体。）

四、团体结束阶段：与身体建立联结

（一）经验落地

教师：请大家看看这张人体结构图纸，每个器官都值得我们向它们表达感谢，因为它们的存在，我们可以存活下来、感受外界、运动、学习、发展兴趣爱好等，每个部位都缺一不可。最后老师给大家介绍一朵逆境中绽放的向阳花。

1. 介绍海伦凯勒的《假如给我三天光明》。

2. 课后任务：成为行动小达人。

请同学们思考：我们拥有着那么多支撑我们生命的"秘密武器"，我们要如何使用好它们，保护好它们？

（**设计意图**：使学生通过认识不同个体由于生理上的差异而带来的生命活动的不同，理解每个个体的存活都是无比珍贵的，从而学会接纳自己身体上的优点及缺点，同时进一步思考如何去爱惜自己的身体。）

（二）教师小结

教师：人体是个精妙的奇迹，我们的人体就像是一个会呼吸的星球，100万亿个细胞在不断地协调一致地工作着，每个个体都是难以复制、独一无二的奇迹。祝同学们在自己身体各个器官的陪伴之下，成长为星辰大海中一抹有着自己独特璀璨的光辉！

活动反思

在教学过程中，教师会发现部分学生的感谢对象很特别，比如感谢自己的指甲，每次别人打不开罐头的时候，他能够用指甲帮别人打开，这时候别人的惊叹或者感谢让他觉得特别自豪。学生在这个过程中不仅仅意识到了自己身体部位的重要性，甚至还能够进一步自行挖掘自己一些平时没有留意到的优点和值得被欣赏的地方，发现自己原来是这么独特的存在。

在书信定位环节，学生能够从不同同学的角度，看到身体的某个部位的意义，从而反思自己身体器官或部位的作用。

在课堂过程中，教师会发现有部分学生"觉得自己哪里都不好看"，重新陷入消极身体意象之中，这个时候需要引导学生自己发现或者身边的同学提醒他一些值得感谢的部位。教师也能够通过课堂发现一些具有严重消极身体意象的学生，有针对性地进行后续个体辅导。

第三节　呵护失眠小精灵
—— 我能科学调整睡眠[①]

活动理念

日常学习与生活中，高中生常常会因为人际冲突、亲子冲突、学业压力等负性事件引发失眠，而他们对失眠的误解与担忧又会加重失眠。失眠影响了学生身心健康的同时也影响了学习效率。科学认识睡眠、掌握改善睡眠的方法对高中生来说具有重要的现实意义。后现代理论强调人不等于问题，即失眠和学生个体应该分开来看，正念训练理论则强调要友善地接纳，活在当下。本节课以后现代理论和正念训练为基础，引导学生发掘失眠的积极意义，真正从谈"失眠"色变到接纳及平和地面对失眠，"呵护"失眠小精灵。

活动对象

高一学生。

微课扫一扫

活动准备

教学课件 PPT、视频、高中生睡眠情况调查。

活动目标

1. 认知目标：了解科学的睡眠知识及失眠产生的原因，积极认识失眠。
2. 情感目标：通过练习，提升应对失眠的自我效能感。
3. 行为目标：养成良好的作息习惯，掌握改善睡眠的方法，积极应对失眠。

---

① 此课程由广州市第二中学陈慧慧设计。

活动重难点

1. 重点：了解失眠产生的原因，掌握改善睡眠的方法，积极认识失眠。
2. 难点：积极认识失眠，提升应对失眠的自我效能感。

活动过程

一、团体热身阶段：Popi 提问箱

教师：3 月 21 日是世界睡眠日，老师在朋友圈开通了 Popi 提问箱，我们来看看同学们的反应。（播放视频，将五个提问呈现出来）

提问 1：晚上做梦就是没有休息好？

提高 2：躺在床上很久才睡着就是失眠？

提问 3：睡前学习记得牢？

提问 4：每天睡够 8 小时才能有好的睡眠？

提问 5：睡眠是休息的唯一方式？

（**设计意图**：Popi 提问箱是同学们最近喜欢在朋友圈玩的互动游戏，该游戏类似于树洞的匿名提问平台，点击提问箱发起人提供的链接，人们可以匿名向发起者提出问题，发起者必须有问有答，但发起者可以选择公开或不公开回答的内容。将该游戏与世界睡眠日结合起来，既贴近学生的实际生活，又能引发学生对"睡眠"这一话题的好奇与兴趣。）

二、团体转换阶段：初探睡眠秘密花园

（一）科普睡眠相关知识

1. 播放睡眠中大脑"自动清洗"的小视频。
2. 介绍睡眠四阶段。
3. 澄清什么是好的睡眠。

（二）分析影响高中生睡眠的因素

1. 学业压力。

2. 手机网络依赖。

3. 睡眠环境。

4. 同伴压力。

5. 个人身体不适。

6. 父母期待。

7. 作息不规律。

（**设计意图**：科普睡眠每个阶段的特点，解答同学们关于睡眠的困惑；对影响睡眠的因素进行分析，帮助学生更好地了解各因素具体如何影响睡眠。）

三、团体工作阶段：呵护失眠小精灵

探索活动：失眠同心圆（图4－2）。

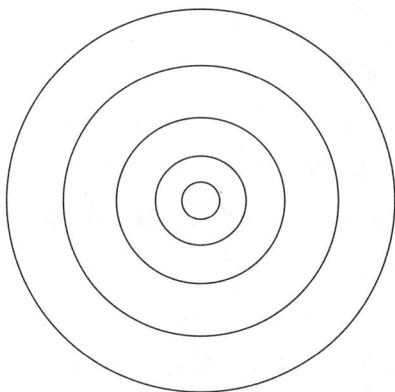

图4－2　同心圆

第一步：评估失眠的程度。

从最小的圆圈开始，补充完成句子"我担心失眠会……"，如，我担心失眠会影响学习，然后在所写的句子前面加上"我有一个想法"，认真地读一下改写后的句子，体会此刻的感受。

第二步：量化评估失眠。

请用1～10分对因失眠而引发的焦虑进行打分，分数越高表示越焦虑，并将分数写在第二个圈内。

第三步：明确失眠的结果。

根据你的情况，在第三个圈内，分别写出睡眠可能引起的最坏的结果、最好的结果，以及最有可能的结果。

第四步：澄清失眠的来源。

在第四个圈内尽可能多地列出导致你失眠的原因，最终总结出 1~3 个最重要的原因并进行权重分析。

第五步：改善失眠的方法。

在最大的圈内，写下你以前尝试过的方法，并用不同颜色的笔标记哪些是有效的方法，哪些方法你认为效果不明显。

（**设计意图**：通过探索活动，引导学生认识到失眠并没有那么可怕，失眠像是一位小精灵，它的到来似乎也是有积极意义的。告诉学生：要允许小精灵陪伴在你的身边，倾听它对我们的提醒，小精灵是送信的朋友，每一封信都是来自我们内在的需要。）

四、团体结束阶段：巧用睡眠百宝箱

方法一：良好的睡前准备

第一，远离手机等电子产品。手机发出的"蓝光"会严重影响睡眠质量，抑制褪黑素的分泌，从而破坏睡眠的深度和结构。

第二，养成良好的睡前习惯。如定点作息、睡前洗澡或泡脚、喝点牛奶、听放松音乐等，尽量减少复杂的学习活动。

第三，"下载"你的一天。可以尝试写下担心和关心的事，标注解决的时间，放在小盒子里，梳理睡前杂乱的思绪。

方法二：科学的睡眠方案——R90 睡眠方案

R90 睡眠方案中的 90 分钟就是指一个完整睡眠周期所需的时间。通常我们每晚需要 4~5 个这样的睡眠周期。早上如果正好在最后一个睡眠周期结束的时候醒来，就会头脑清醒，反之则会头昏脑涨。

第一步，根据你的实际情况，选择固定的起床时间。

第二步，根据起床时间倒推入睡时间。

第三步，以一周为单位计算睡眠周期数。

如果白天需要可以利用中午 1 点至 3 点之间补充睡眠，午睡最佳时长是 25~30 分钟。

教师：睡眠只是让我们身体和大脑获得休息的方式之一，我们还可以在下午通过适当运动为精力充电。运动可以使大脑内的内啡肽、多巴胺等带来愉悦体验的神经递质增多，使与长时记忆相关的海马体体积增加，使与注意力相关的前额叶皮质增大。

同学们还可以根据情况和喜好，选择中等强度的有氧运动，如快走、慢跑、跳绳、打太极拳、跳健身操等，时间最好控制在每周 3~4 次，每次 30 分钟左右。

方法三：正念练习——3 分钟呼吸练习

教师：当然，当失眠小精灵真的到来时，我们可以尝试第三个方法：正念训练中的 3 分钟呼吸练习。（带领学生做正念练习）

（**设计意图：**前两种方法，通过简单可操作的方法帮助大部分的学生改善睡眠质量。第三种方法面向真正有失眠困扰的学生，从而使更多的学生从课程中获得帮助。）

教师：也许我们不一定能马上做到呵护失眠小精灵，没有关系。正念疗法的基础是友善。我们可以友善地提醒自己"如果不喜欢失眠的感觉，没有关系"，"好的，你已经在这里了，尽管我不喜欢你，但我允许你在这里"。当我们开始接纳和允许失眠小精灵的存在，所有不愉快的情绪都会自行离开，即便处在不愉快的感受中，我们仍然可以体验到平和与满足。

结束语：睡眠是休息方式中的一种。让我们呵护失眠小精灵，如果它偶尔到来，接纳它善意的提醒，我们一定能改善睡眠质量。

活动反思

睡眠质量是学生学习状态与心理状态的外在呈现，对于睡眠的科普可以澄清学生对失眠的误解，失眠原因分析帮助学生更好地了解失眠来源，可操作的改善失眠的方法可以帮助普通学生改善睡眠质量，以及帮助真正有失眠困扰的学生走出失眠。导入环节，用同学们喜欢的 Popi 提问箱能引发其课堂兴趣。自我探索环节采用绘制失眠同心圆的方式，该方式简单直观且操作性强，可以引导学生积极认识失眠。此外，3 分钟的正念练习，让同学们能够在课堂中真实体验正念，效果良好。

第四节　不一样的击鼓手

——我能洞察性格密码①

活动理念

20 世纪 40 年代，美国一对母女伊莎贝尔·迈尔斯（Isabel Myers）和凯瑟琳·布里格斯（Katharine Briggs）在荣格的心理类型理论的基础上，提出了一套个性测验模型，叫作 Myers-Briggs 类型指标（MBTI）。MBTI 含 4 个维度（能量来源、信息获取方式、决策方式、生活方式），每个维度均有两个偏好，共 16 种性格类型。MBTI 作为世界范围内应用最广泛的职业性格测试之一，给了我们全面客观认识自己性格的视角与方法，且在性格与职业如何匹配的问题上提供了很多建设性的意见，对我们选择未来的职业具有一定的参考意义。作为高中生，全面客观地认识自己的性格，才能更好地进行职业规划，有的放矢，从而扬长避短，选择适合自己的职业生涯发展方向。

活动对象

高一学生。

微课扫一扫

活动准备

教学 PPT、教学任务纸、视频、背景音乐、MBTI 性格罗盘。

活动目标

1. 认知目标：了解 MBTI 理论，全面客观地认识自己的性格，提升积极自我认知。

2. 情感目标：感受不同性格的特征与优势，积极悦纳自己性格的不同方面，提升自尊与自信。

3. 行为目标：思考并探索自我的性格与职业之间的关系，并将其落实到个人实际职业生涯规划与选择中。

---

① 此课程由广州市第二中学陈慧慧设计。

活动重难点

1. 重点：理解不同性格的特征、优势及与职业的关系，提升积极自我认知。
2. 难点：探索自我的性格与职业之间的关系，并落实到个人职业生涯规划与选择中。

活动过程

一、团体热身阶段：初识性格密码

（一）我的性格密码

从表 4 - 1 的 16 个性格词中挑选出最符合自己性格特征的 3 个词，如果挑选的 3 个词不完全符合你的性格特征，写完 3 个词之后再添加 1 个最符合自己性格特征但表格中没有的新词。

表 4 - 1　性格词

幽默	活泼	冷静	安静
好奇	勤奋	独立	友善
理性	喜欢冒险	灵活	细心体贴
果断	负责	健谈	乐于助人

_____　_____　_____　_____

（二）寻找班级性格达人

邀请班级里的同学从 16 个性格词中挑选出符合你的 2 个词，统计各类性格词的数量并记下数量排前三的性格词。

_____　_____　_____（数量排前三的性格词）

（**设计意图**：16 个性格词分别选自 MBTI 16 种性格类型，通过游戏让学生从自己和他人的角度更全面地认识自己的性格；同时，所选的 16 个性格词均是积极词汇，为整节课铺设积极心理学这一暗线。）

二、团体转换阶段：感受性格密码"电量"

播放动画短片《人体电量》。

注：视频中喜欢安静的阿美受邀参加一位喜欢热闹的朋友的派对，阿美不太喜欢这种场合，人群中的阿美电量越来越低，回家一个人之后电量才慢慢恢复。

内向的阿美与外向的朋友各有自己的性格优势，如表4-2所示。

表4-2　内向与外向的性格优势

内向型	外向型
1. 独处时精力充沛	1. 与他人相处时精力充沛
2. 思考先于行动	2. 行动先于思考
3. 在心中思考问题	3. 喜欢边想边说出声
4. 乐于在精挑细选的小群体中分享	4. 乐于分享个人情况
5. 听的比说的多	5. 说的多于听的
6. 不把兴奋说出来	6. 高度热情地社交
7. 仔细考虑后才有所反应	7. 反应快，喜欢快节奏
8. 喜欢深度而不是广度	8. 喜欢广度而不是深度

教师：大家猜测一下，如果阿美已经工作了，从事什么工作最能发挥她的性格优势？理由是什么？

（**设计意图**：通过视频，帮助学生直观理解每个人都有自己的性格优势，每个人都有适合自己性格的娱乐方式、生活方式以及职业选择，为后面探索自我的性格与职业之间的关系作铺垫。）

三、团体工作阶段：探寻我的 MBTI

教师：刚刚大家在猜测阿美的职业时，更多是从内向外向这个维度来讨论的。性格除了这个维度还有别的吗？实际上性格有四个维度，目前使用较广的性格测试问卷是由美国一对母女在心理学家荣格的心理类型理论基础上编制而成的，我们把它称为 MBTI，我们一起对照这四个维度来猜测一下阿美可能适合的职业是什么吧。

1. 能量来源：一般情况下，我更愿意和朋友们聊天聚会（E），还是喜欢独处（I）？

E-外向　I-内向

2. 信息获取方式：一般情况下，我更多通过五种感官来获取信息和感知世界（S），还是通过直觉（N）？

S – 感觉　N – 直觉

3. 决策方式：一般情况下，对我来说，原则和讲理、客观更重要（T），还是人情与和谐更重要（F）？

T – 思维　F – 情感

4. 生活方式：一般情况下，我喜欢井然有序、按计划行事带来的安全感（J），还是喜欢随性自由、灵活变化带来的快乐（P）？

J – 判断　P – 感知

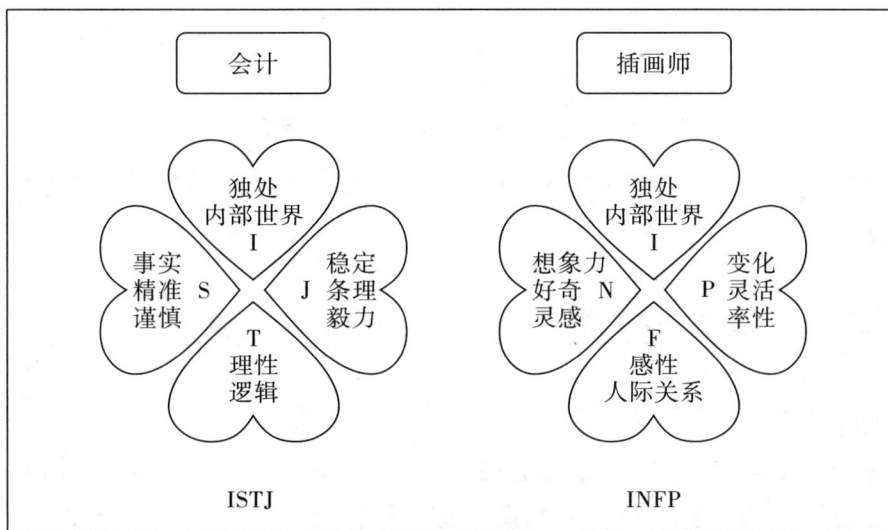

图 4 – 3　不同性格类型"阿美"的职业匹配图

教师：可能有的同学说阿美适合从事会计工作，也可能有同学说适合做插画师。单从内向（I）这一个维度来看，似乎两份工作都适合她。但综合来看，如果阿美的性格代码是 ISTJ，她可能适合的职业是会计，如果是 INFP，她可能适合的职业就是插画师了，所以只有当我们从四个维度全面客观地了解自己的性格特点，我们才能知道自己具体适合什么职业。

每位同学对照 MBTI 性格罗盘，依据自己的性格代码，查找该类型性格的基本特征及其适合的职业，然后完成"探寻我的 MBTI"任务纸。

探寻我的 MBTI

1. 游戏环节，我所写的 3 个性格特征是＿＿＿＿＿＿＿＿＿＿＿＿＿＿＿，其他同学眼中我的性格特征是（填写数量排在前 3 的）＿＿＿＿＿＿＿＿＿＿＿＿＿。

2. MBTI 测试后，我的职业性格代码是＿＿＿＿＿＿＿＿。

3. 该代码的性格特征是＿＿＿＿＿＿＿＿。

4. 该代码所匹配的职业中，我最感兴趣的职业是＿＿＿＿＿＿＿＿。

5. 我心目中的理想职业是＿＿＿＿＿＿＿＿，它的性格代码是＿＿＿＿＿＿＿＿。

6. 我有哪些性格优势是符合理想职业的呢？哪些是我暂时还没有而我想发展的呢？我打算如何发展？

＿＿＿＿＿＿＿＿＿＿＿＿＿＿＿＿＿＿＿＿＿＿＿＿＿＿＿＿＿＿＿＿＿＿＿＿＿＿

＿＿＿＿＿＿＿＿＿＿＿＿＿＿＿＿＿＿＿＿＿＿＿＿＿＿＿＿＿＿＿＿＿＿＿＿＿＿

图 4-4 "探寻我的 MBTI"任务纸

（**设计意图**：基于 MBTI 性格理论，帮助学生从科学理性的层面深度探索自我性格与职业之间的关系。）

四、团体结束阶段：不一样的"性格密码"之美

教师总结：

1. 性格偏好是决定职业满足感的重要因素，但不是唯一因素，我们需要结合自己的性格、能力、兴趣、价值观等进行综合考虑。

2. 16 种性格类型并无好坏之分，性格和职业之间的匹配不是能不能做好的问题，而是适不适合的问题。

3. 当性格不太符合我们的理想职业要求时，我们可以适宜地完善性格来匹配职业，或者选择与性格相符合的职业。

所有的一切都有一个前提条件：我们不一样！我们每个人都是不一样的，我们的性格也是不一样的，我们需要发掘自己的性格优势，对于如何选择的问题应该是遵从自己的内心，而不是随波逐流。

如果一个人没有与他的同伴保持步调一致，那很有可能是他听到了另一种不同的鼓点声。无论其他人的步伐有多么整齐，也无论路途有多么遥远，就让他按照自己所听到的音乐节奏前进吧！

——亨利·戴维·梭罗

最后，如果有需要的话，大家可以进入以下的 MBTI 性格测试网址进行完整的 MBTI 性格测试：https：//www. 16personalities. com/free-personality-test。

活动反思

本节课以 MBTI 性格理论为明线，积极心理学为暗线，通过游戏体验、视频教学、小组讨论等多种方式，帮助学生从感性、理性视角，自我与他人视角，日常生活与职业选择视角等多维度来了解自己的性格、性格优势及其与职业选择之间的关系。教学设计符合学生的心理发展特点，环环相扣，层层推进，教学内容科学而有趣，尤其自制的 MBTI 性格罗盘非常精美、有创意，极大地调动了学生课堂的积极性和参与性，不足之处是线上课程限制了分享环节师生的互动。

第五章　蓝之积极情绪课程

第一节　缤纷色彩，护心启航
—— 我能管理自我情绪①

活动理念

　　美国心理学家埃利斯的情绪 ABC 理论指出，人的情绪取决于他们对事情的态度和看法。积极情绪指一个人能以积极、正面的态度看待其现实处境，能产生积极、愉悦的情绪体验，从而引发正向行为。积极心理学中的主观幸福感也指出决定人们是否幸福的并不是实际发生了什么，而是人们对所发生的事情在情绪上做出何种解释，在认知上进行怎样的加工。培养学生的积极情绪可以为学生赋能，让他们能更好地应对变化和挑战。2020 年，由于新冠肺炎疫情的影响，广大中小学生度过了一个漫长的寒假。长达 4 个月的假期后，小学生终于迎来复学。面对学生出现的一系列情绪反应和适应问题，教师需引导学生觉察并接纳自身的情绪状态，调整不良认知，做好心理调适。

活动对象

　　小学六年级学生。

微课扫一扫

活动准备

　　A4 纸、彩笔。

---

① 此课程由广州市黄埔区怡园小学邓宝嫦设计。

活动目标

1. 认知目标：认识到积极情绪的重要性，探索自身的能量和资源，为复学做好准备。

2. 情感目标：保持阳光、向上的积极态度，对学校生活充满期待。

3. 行为目标：学会调节情绪，掌握培养积极情绪和复学收心的方法。

活动重难点

1. 重点：认识情绪对身心的影响，能够接纳、管理自己的情绪。

2. 难点：掌握管理情绪的方法，主动培养积极情绪，懂得在生活中践行所学的方法。

活动过程

一、团体热身阶段：画出旋涡，觉察状态

教师：请同学们闭上眼睛，感受自己的复学状态，根据自己的适应程度用手指在空中画圈，圈数越多，表示目前困惑越多，越难以适应。

同学们，4个月的宅家时光到正常复学，我们的身体和心灵都需要时间适应，有的人画的圈也许像"旋涡"一样困扰着自己。这节课，请同学们和老师一起，把"旋涡"变成能量环吧。

（**设计意图**：手指画圈，指导学生以"旋涡"的方式直观呈现身心状态，直观生动地导入主题，营造了轻松愉悦的课堂氛围，也为后面的"旋涡复原"做铺垫。）

二、团体转换阶段：情境判断，引发共鸣

教师：接下来，我会说出一些句子，请你根据自己情况反馈，符合举手，不符合则双手交叉在胸前打叉。

句子1：复学了，我感到很激动，心情很愉悦。

句子2：网课效率不高，我不敢看老师和同学。

句子3：没有手机，还要天天7点起床，不习惯啊不习惯。

句子4：我担心我和同学的关系会发生变化。

句子5：回到班级，看到老师、同学的心情就是好。

刚刚的句式，学生的反应不尽相同。现在，请同学们用一个关键词来形容自己目前的情绪。

（**设计意图**：展示学生的常见情境，引导学生以举手或双手交叉的方式做出判断，引起学生共鸣，激发学生学习动机。）

三、团体工作阶段：缤纷色彩，情绪锦囊

（一）巧用色彩，看见情绪

教师：刚刚我们说了很多关于情绪的词语，今天，老师会教大家用制作能量环的方法来管理我们的情绪。请同学拿出 A4 纸，在纸上画出第一个圈，上面写上"复学"二字，画出第二个圈，写上复学心情；如果你有多种情绪，再画相应个圆圈来表示；圆圈画完后请涂上你认为能代表该情绪的颜色。（教师出示图例）

复学归来，我们的学习、生活都有了不少变化，我们会有不同的情绪反应，有同学甚至出现了焦虑、紧张、烦躁等消极情绪，这都是正常反应，同学们不必担心。我们可以学着用颜色来表达情绪，涂色的过程就是让大脑放松的过程。

（**设计意图**：教导学生用颜色表达情绪的方法，既可以让情绪具象化，又可以达到宣泄情绪、放松大脑的目的。）

（二）头脑风暴，同伴互助

教师：我们的情绪都是正常的。但是，老师这里接到了小军的求助，他认为焦虑、紧张的情绪对他的复学状态造成了很大的影响，我们来看一看。

情境故事：正式开学了，我也挺期待的，但到班上课，我就开始紧张了。防疫要求多多，不能和好朋友拥抱、聊天；网课一直没效率，知识也补不回来；晚上睡得晚，早上起不来，更别提学习动力了，我该怎么办呢？

如果这些情况也发生在你的身上，或者故事主人公是你最好的朋友，你会怎么做？或给他提供怎样的建议呢？

（**设计意图**：启发学生从同伴中学会自我调节的方法，汲取力量。）

（三）正面思考，转换色彩

教师：同学们提到通过转移注意力、合理宣泄、自我激励等方法调节情绪。今天，老师也有一些方法要教给同学们，希望能帮助到大家。

课件PPT画面上本是一个老妇人，我们学着换个角度看问题，老妇人变成了妙龄少女。只要我们学着用积极、正面的角度看待问题，事情就可能朝着积极、正面的方向发展。

我们回看刚刚的故事，面对小军罗列的"消极"事件，我们如何正面看待，给出一个积极的解释呢？

（**设计意图**：两可图启发学生转变认知角度，清晰明了；习得方法后立即对之前出现的"消极"事件进行"积极"更改，达到巩固方法，加深学生印象的目的。）

（四）蝴蝶拍拍，寻找力量

教师：正面思考是管理情绪的一种方法，蝴蝶拍技术可以帮助我们自我冷静下来，找到安全感。下面，请大家跟着老师的指示进行练习。

请同学们用一个舒服的姿势坐好，闭上眼睛，放松地、安静地进行蝴蝶拍，感受自己的安抚，轻轻地拍，轻轻地……我们来回想宅家学习、生活的日子，想想自己做得好的地方，认真上课、勤做家务、学会了做菜、尝试了自己一直想挑战的事情等，拍拍自己，在心中默念，我做得真不错！继续轻拍，轻轻地，想象这是你最信任、最想感谢的人在你身边，会是谁呢？请你默念出他们的名字。每一个名字，都是可以帮助你的力量。我们继续轻轻地拍，这时，你感觉自己充满了力量，那么，新学期，你的目标是什么呢？为了达到这个目标，你第一步要做什么？请你仔细地想一想。现在，请你慢慢地调整呼吸，慢慢地睁开眼睛，回到我们的课堂。

我们在蝴蝶拍的过程中，思考了一些内容，现在，请把你做得好的地方、可以依赖的人、你的目标和行动计划写在圆圈内并涂上颜色。

（**设计意图**：蝴蝶拍是一种常用的心理调适技术，可以帮助学生自我安慰，提升安全感。学生在教师的引导中，感知到他人的支持以及强化了成就体验。）

（五）幸福瓶子，天天心晴

教师：有同学说，在刚刚的蝴蝶拍练习中，他感受到了温馨和愉悦。有实验证明，保持积极情绪既可以提高我们的免疫力，也可以提高我们的记忆力。老师要向同学们介绍最后一种方法——画幸福瓶子，它可以帮助我们培养积极情绪，天天心"晴"。

1. 播放视频《幸福源泉小瓶子》。

2. 画出幸福瓶子。

教师：请同学们拿起彩笔，在 A4 纸的右半边，画出你今天的小瓶子吧。

（**设计意图**：通过彩绘瓶子，引导学生发现生活中的幸福点滴，习得培养积极情绪和幸福感的能力。）

四、团体结束阶段：两大法宝，助力复学

教师：这节课我们学了许多管理情绪的方法，你的感受是什么呢？复学这一圈，一开始是空白的，现在的你，会用哪一个关键词、哪种色彩形容复学呢？请你写一写，涂一涂。

复学归来，处处是变化和挑战，我们也许会紧张，可能会烦躁低落。学会接纳自己的情绪，用能量环和小瓶子来帮助自己调适，我们归来的每一天都将缤纷明媚。

活动反思

本课立足学生复学的内心状态，具有针对性和时效性。以旋涡导入，以色彩串联，最后旋涡变成了一个色彩缤纷的复学能量环，前后对比强烈，给学生留下了深刻的印象。最后，教师介绍了制作幸福源泉小瓶子的方法，引导学生将"创造"积极情绪变成每日习惯，增强学生持续的幸福体验，使其以乐观、积极的态度迎接复学挑战。课程逻辑清晰、层层递进，引领学生感知、觉察并润色内心世界，活泼有趣，形式新颖。除了运用色彩，教师还可以思考更多有趣且实用的方法，使学生更好地感知、体验、管理自身情绪，做一个情绪小达人。

第二节 应对不确定性
—— 我能拥有积极情绪[①]

活动理念

当今的社会在快速发展变化着，世界早已进入"乌卡"（VUCA）时代，VUCA是 volatile（不稳定）、uncertain（不确定）、complex（复杂）、ambiguous（模糊）的首字母缩写。在新冠疫情下，VUCA 现象对学生生活的影响凸显。在充满不确定性的时代背景下，一些学生会体验到焦虑、迷茫等消极情绪。

积极情绪的扩展建构理论认为：积极情绪可以抑制消极情绪带来的影响，并且会拓宽个体的思维，带来积极行动，建构持久的个人资源，使个体在未来体验到积极情绪，形成良性循环。因此，我们需要帮助学生培养积极情绪，在面对不确定性带来的消极情绪时，更具韧性，更有自信，有更良好的社会适应能力。

活动对象

初中生。

微课扫一扫

活动准备

教学 PPT、A3 或 A4 白纸、彩笔、黑色签字笔。

活动目标

1. 认知目标：使学生认识到不确定性是生活的常态，每一个事件的发生，其背后都有意义。

2. 情感目标：使学生体验到积极情绪，并在不确定事件带来的焦虑、失控的感觉中，恢复身心平衡和心理能量。

3. 行为目标：使学生在生活中有意识地培养积极情绪，并能采取行之有效的方法应对不确定事件。

---

① 此课程由广州市二中苏元实验学校闫昱如设计。

活动重难点

1. 重点：制作《我的安心手册》。

2. 难点：引导学生在实际生活中培养积极情绪，以应对不确定性带来的消极情绪。

活动过程

一、团体热身阶段：感受生活中的不确定性

2020 年初，受新冠肺炎疫情的影响，我们的生活发生了很多变化。比如，网络上课、戴口罩、居家隔离等。2021 年广州市中考因新冠肺炎疫情而再次延期。

其实，不仅仅是疫情，我们的生活中还发生着很多突发事件，比如 2008 年汶川地震打乱了往日生活的平静；2014 年马航 MH370 航班失事，让 200 多个家庭变得不完整；2017 年九寨沟地震，让美丽的人间仙境一瞬间满目疮痍……

再想想自己的日常生活，你也会发现，我们很难让事物保持确定，按照自己的期望上演。比如，周末你本打算认真复习准备期末考试，可家里突然来了客人；比如，你认真准备考试却失败了，让你担心起中考……

但你会因为飞机失事就再也不坐飞机吗？会因为景区地震再也不欣赏美景吗？你会因为考试失败而再也不去参加考试吗？生活无常，才是恒常。著名心理学家阿德勒说，生活中的不确定性正是我们希望的来源。

这节课，我们就一起来制作《我的安心手册》，一起来学习并体验积极情绪，以应对不确定事件带来的消极情绪。

二、团体转换阶段：活动准备工作

（一）活动契约

保密原则，不在本节课以外的地方透露他人分享的故事。

（二）准备《我的安心手册》

1. 将 A3 或 A4 纸折叠成一本小册子（折叠方法参考微课视频）。

2. 彩笔或彩色铅笔。

3. 彩色贴纸。

三、团体工作阶段：制作《我的安心手册》

（一）第一面：我的放心盒

同学们，下面我们就来制作这本手册。请翻开手册，来到第一面。

1. 回忆一个生活中突然发生的、并且给你的生活带来较大影响的事件。

假如，这个手册的第一面是一个你可以放心地放置任何事情、念头、情绪的盒子。你可以把心中涌现的所有念头或者你担心可能会发生的事情暂时安放在这里。当这一页合上时，这个情绪、故事就被秘密地封存在这里了。

请跟随音乐慢慢回忆那件事情，想一下，当事情发生的时候，你在哪里呢？你的心情如何？静下心来觉察一下自己心中涌起了什么情绪？这件事带给你的影响如何呢？可以结合过去、现在、未来思考。想一想，这件事情是如何发生的，你头脑中担忧的念头是什么呢？如果你脑海中出现了一幅画面，你也可以把它画下来。

2. 拥抱情绪。

写完后，看一看自己写下的内容，用不同颜色的笔分别圈出积极语句和消极语句。比一比，哪一个比较多呢？如果是消极语句比较多，那你可能就要好好照顾一下自己了！深深地吸一口气，缓缓地吐出来，做几个蝴蝶拍，让自己的情绪慢慢地舒缓下来。

小贴士：成为一名情绪书写者。

心理学研究表明，用写日记的方式记录你愉快或感觉不好的时刻，或者和值得信任的朋友分享你的心情可以让你远离消极情绪，在事件中寻找意义，并让你和对你来说重要的人关系更紧密。练习次数越多，你越能体会到积极的情绪。

（**设计意图**：觉察与表达情绪，安放心灵。）

（二）第二面：我的能量瓶

下面，把你的手册再翻一页，我们来到手册的第二面。

《游戏力养育》的作者科恩提出了一个"续杯"理论，每个人心里都有一个杯子，当我们遇到困难或挫折，感到无力和迷茫的时候，我们就要有意识地发现生活中的资源和美好，给自己"续杯"。

1. 第 3 页（左边的是第 3 页）。

创作你的能量瓶，这个瓶子是长什么样子的？现在有多少能量？哪些东西可以作为你的能量？不妨静下心来思考自己的目标、重要他人、兴趣爱好、榜样、激励语、过去的成功经验等，并把它们画下来，相信你会有意想不到的收获。

2. 第4页（右边的是第4页）。

下面请给你的其他小组成员的能量瓶中加一些能量吧！这个能量可能帮助你更充实、合理地利用时间，更快乐、高效等，你会给对方增加些什么呢？请把你给对方增加的能量写或者画在第4页吧！

小贴士：生活提升策略。

（1）合理利用时间。

（2）做运动。

（3）听音乐。

（4）保持充足的睡眠、规律的作息。

（5）帮助需要帮助的人。

（6）心存感激，并表达感激。

（7）保持良好和谐的人际关系。

（**设计意图**：指导学生寻找、发现培养积极情绪的方法，给自己和他人赋能，使他们在面对不确定事件时能较快地恢复身心平衡。）

（三）第三面：我的同心圆

下面，把你的手册再翻一页，我们来到手册的第三面。

1. 第5页（左边的是第5页）。

请静下心来想一下，在不确定事件带来的焦虑中，你关注的事情有哪些呢？比如，一位疫情中的初三学生会关心每日新增病例的情况，中考的时间如何，考场安排如何，复习进度如何等。那么，在这些影响我们的事情中，哪些是我们可以控制的，哪些是我们不能控制的呢？

下面请画一个同心圆，在大圆中是所有我们关注的事物，比如自己的心情、状态、疫情、复习等；里面的小圆是我们可以控制的事物，小圆外层的圆圈是我们不能控制的事物。当我们把关注点由外转向内，不断扩大内圈，这时我们也就慢慢获得了对生活的掌控感。

2. 第6页（右边的是第6页）。

合理利用时间有助于我们获得对生活的掌控感。请在这一页写下你计划如何利用你的时间去做可以控制的那些事情，并逐渐扩大内圈的范围。

（**设计意图**：使学生在不确定事件中寻找确定性，把关注点集中在自己可以控制的事情上，并制订行动计划，付诸行动。）

3. 制作封面和封底。

制作完手册的内页，让我们来装饰一下封面和封底吧！

☆封面：_____的安心手册，右下角写下时间。

☆封底：想一想，生活中你容易感到失控而焦虑的时刻，在手册的封底罗列出来，这就是本手册的适用情况。

4. 贴上彩色的贴纸，画上你喜欢的花纹，对手册进行装饰吧。

四、团体结束阶段：分享与应用

教师：请同学们和组内同学分享下自己制作的《我的安心手册》，看一看：其他同学都遇到了哪些因不确定性而带来的焦虑、迷茫的事情？小组同学的能量瓶里都装了些什么？有哪些可以放在你自己的能量瓶中？我们可以控制的事情和不能控制的事情分别有哪些相同点呢？

活动反思

本节课引导学生制作《我的安心手册》，通过我的放心盒、能量瓶、同心圆三个环节，从情绪、认知、行为三个方面帮助学生觉察情绪、恢复身心能量，体验和培养积极情绪，从而获得掌控感。教学设计层层递进，由浅入深，给学生带来启发和帮助。在上课过程中，教师要注意营造良好的氛围，让每一位学生感受到温暖与支持。

第三节　复学能量罐，一起奥利给
—— 我能积极调适情绪①

活动理念

积极心理学指出积极情绪对人的身心健康有非常重要的作用，尤其是当人们面对重大"变化"时，情绪容易波动，对自身的身心健康造成影响。接纳承诺疗法中的情绪接纳技术，可以帮助同学们尽快适应复学，预防中小学生心理危机事件发生，切实保障广大学生生命安全和身体健康。特别是针对长假期间学生上

_____

① 此课程由广州开发区中学丁一杰设计。

网课时学习效率不高，复学后易感焦虑；假期当中亲子冲突频发导致亲子关系不和谐；学生长期在家，面对返校不适应、学习状态不佳、动力不足带来的负面情绪等情况，通过运用接纳承诺疗法中的 STOP 情绪接纳技术、自我对话技术、成长之路技术，能够让学生在活动中觉察自身状态，学习自我情绪调适技巧。

活动对象

初中生。

微课扫一扫

活动准备

PPT、微课录制软件、STOP 情绪接纳技术视频。

活动目标

1. 认知目标：了解焦虑学业、亲子冲突、学习动力不足等情况产生的原因以及应对策略。

2. 情绪目标：接纳自己的焦虑情绪，与自己对话，修复亲子关系，积极主动请心目中的"大神"帮忙以明确学习意义。

3. 行为目标：在生活中灵活运用 STOP 情绪接纳技术、自我对话技术、成长之路技术等，帮助自己恢复元气满满的好状态。

活动重难点

1. 重点：通过活动，让学生们了解焦虑学业、亲子冲突、学习动力不足带来的情绪困扰和应对策略。

2. 难点：在生活中灵活运用 STOP 情绪接纳技术、自我对话技术、成长之路技术等，觉察自身状态，对自我情绪进行调适。

活动过程

一、团体热身阶段：状态电池

教师：同学们，在这节课开始前，让我们先来做一个热身小活动：状态电池。请同学们伸出你的两只手，十个手指就是满电量的状态，现在用伸出的手指个数来显示你目前的状态电量。

（**设计意图**：通过状态电池，使学生觉察自己目前复学状态及其可能的原因。）

二、团体转换阶段：能量罐产品介绍

教师：不论是什么情况，老师要对大家说，不要担心，不要慌张，给大家推荐一款最新上市的复学能量罐，喝了它，立马提升你的状态能量。现在让我们一起详细了解一下这款产品。这款复学能量罐的功能是缓解过度焦虑，减少亲子冲突，增强学习动力，如此强大的功能，它里面有什么成分呢？它的有效成分是接纳情绪水、修复关系糖、明确意义素。接下来我们详细了解一下这三种有效成分是如何起作用的？

（**设计意图**：用推荐一款能量罐的方式，情境带入，使学生对能量罐产生强大功能的成分产生好奇，从而学习运用每种有效成分下的解决问题策略。）

三、团体工作阶段：三种有效成分

（一）接纳情绪水

教师：它可以缓解过度焦虑。此前，据很多同学反映，在假期当中上网课时，学习效率不太高，现在复学了，担心自己落下太多，特别是一开学就要考试，感到非常焦虑。其实适度的焦虑是很好的，它可以帮助我们避免慵懒松懈，只有过高的焦虑，才会影响学习效率。这里给大家介绍一个有效缓解焦虑的方法：STOP 情绪接纳技术。

STOP 情绪接纳技术具体步骤：

1. 第一步"S"：对自己喊停。
2. 第二步"T"：深呼吸。
3. 第三步"O"：觉察情绪。
4. 第四步"P"：继续做该做的事。

（**设计意图**：面临复学，学生第一要处理的是情绪，教会学生与焦虑共处、踏浪而行的 STOP 情绪接纳技术，可以让学生在焦虑来临的时候自我调适。）

（二）修复关系糖

教师：修复关系糖可以减少亲子冲突，疫情期间我们和父母待在一起的时间非常多，父母会习惯性地唠叨和管控我们，引发了不少亲子冲突。在假期当中，我给同学们分享了一些和父母沟通的方法，可是有些同学反馈这些话好难说出口，感觉很尴尬！那在这里，老师再教大家一个修复关系的自我对话法，当你和父母发生了冲突，你可以先和自己对话。

1. 问题一：刚才发生了什么问题？
2. 问题二：在这个事件里我和父母各负什么责任？
3. 问题三：在这个事件里，我能把握的是什么？不能把握的是什么？
4. 问题四：我为了应对冲突做了什么事？
5. 问题五：我的应对方式对我和父母的情绪有什么影响？
6. 问题六：我可以做出什么不一样的行为让彼此不那么难受？

（**设计意图**：面临复学，学生第二需处理的是关系，毕竟家庭是孩子重要的心理支持系统，青春期的孩子有闭锁心理倾向，让他们主动和家长沟通比较困难，因此，教会孩子修复关系的自我对话法，实操性更强。）

（三）明确意义素

教师：它可以帮助我们增强学习动力。经历了这么久的假期生活，面对开学好难适应。不过你想想看，疫情是一场没有硝烟的战争，各行各业的专业人士，用他们的专业知识守护着他人，守护着我们的祖国，尤其是医护人员。看到了这一切，你正好可以思考一下，学习对你的意义是什么？你想要过什么样的生活？如果你一下子想不出，可以请心目中的"大神"来帮忙，帮你明确学习的意义。比如，你可以想象一下，如果是你的"大神"知道了你现在面临的困难，他会对你说什么？如果这个困难发生在他的身上，他会怎么做呢？当然，你还可以为自己绘制复学成长之路。

1. 设置终点：理想状态，满分 10 分。
2. 设置起点：目前的分数。
3. 如果进步一分，你要做些什么？
4. 若再进步一分，你又可以做什么？
5. 以此类推，达到目标终点。

（**设计意图**：面临复学，学生学习压力增大而学习动力不足，调动学生心目中的"大神"来帮忙，能够帮助学生明确学习的意义，具体规划成长之路每一步的行动，向着目标前进。）

四、团体结束阶段：提醒与小结

（一）温馨提醒

教师：同学们，能量罐虽好，但也要按照一定的用法用量服用，每日心服一罐。不良反应，可能会导致沉迷学习无法自拔，大家注意劳逸结合！

（二）小结

教师：面对复学大家会面临许多的困难，克服困难也是不容易的，但是困难可以帮助我们成长，复学能量罐里面的接纳情绪水、修复关系糖、明确意义素三种有效成分，可以帮助你尽快恢复到元气满满的良好状态，复学，我们一起奥利给！

（**设计意图：**提醒同学们劳逸结合，面对复学会有许多的困难，鼓励同学们积极面对困难，主动调节自身情绪。）

活动反思

通过本次团辅活动，使学生觉察和审视当下的学习状态，了解自己的焦虑水平、亲子关系状态、学习动力情况。授课中用学生的流行语言如："奥利给""能量罐""大神"等和学生交流，师生心意相通，在活动后学生感言："我和爸妈确实很难当面沟通，但我可以自我对话，做我能做的。""我不需要消灭焦虑，我只需要学习和焦虑共处、踏浪而行。""我心中的'大神'是钟南山爷爷，如果他遇到我这个困难，他会说不要气馁，继续努力！""最有感触的是学习 STOP 情绪接纳技术，四个步骤体验下来，这让我心情很平静，很温暖，很舒服。"以上感言表明学生感受到教师的理解和支持，也在课上学习到许多实用的好方法，真正获得复学的心理能量。

第四节　情绪有意义

—— 我能接纳它①

活动理念

情绪是对一系列主观认知经验的通称，是多种感觉、思想与行为综合产生的心理和生理状态。情绪在人的发展中具有重要意义，情绪具有适应功能、动机功能、组织功能、社会功能等。

在情绪体验方面，高中生情绪体验的时限延长、稳定性提高；爆发频率降低；带有心境化特征，可能长时间处于兴奋状态或者长期郁郁寡欢；体验种类也更为丰富。在情绪表现方面，高中生具有内隐文饰性。

积极心理学认为，帮助学生认识情绪、了解情绪发生的规律、学会调节情绪具有重要意义。本节课引导学生觉察情绪背后的需求，认识到情绪存在是有意义和价值的，并通过感受情绪的存在，体验接纳情绪的技术，有利于认识、调节情绪。

活动对象

高一以上学生。

微课扫一扫

活动准备

T字谜。

活动目标

1. 认知目标：认识情绪的意义；了解情绪的产生来自需求。
2. 情感目标：体验当自己接纳情绪时身心平和的感觉。
3. 行为目标：觉察情绪的存在；体验并接纳情绪。

---

① 此课程由广州开发区外国语学校刘秋红设计。

活动重难点

1. 重点：认识情绪的意义。
2. 难点：体验并接纳情绪。

活动过程

一、团体热身阶段：情绪温度计表达情绪

教师：各位同学大家好，我们今天来探讨有关情绪的话题。首先，邀请大家参与一个情绪温度计的活动。我们用身体来表达我们的状态。（先示范，再介绍规则）请全班同学站起来，和老师一起用右手比一比（手心朝下）自己今天的情绪状态，根据情绪的高低决定手在身体的位置。如果情绪一般，手就比到肩膀上，如果比较好，手就比到头顶上，如果不太好，就比低一点。

随后教师分别采访表达不同情绪状态的学生。

1. 你的情绪好，那是什么情绪？／你觉得情绪一般，那是什么情绪？／你觉得情绪不太好，那是什么情绪？

2. 感觉不错时，你们会对情绪做什么吗？有不好的情绪产生时，你们通常会怎么做？（黑板上板书）

3. 教师小结并引入主题：生活中，我们会产生各种各样的情绪，情绪与我们需求密切相关。我们常常会期待留住积极情绪，赶走消极情绪，这样做能帮助我们更好地处理情绪吗？有无别的办法？我想邀请大家尝试一个小游戏。

（**设计意图**：吸引学生注意力，活跃课堂气氛，引导学生觉察自身情绪，导入主题。）

二、团体转换阶段：体验 T 字谜，挑战即关键

1. 每位同学发一个四巧板，要求拼成"T"字，即方方正正的"T"，第一次尝试，限时 2 分钟。

2. （2 分钟后）学生拼不出来时（基本上学生拼不出来，若有学生拼过或者已经拼好，请他先把 T 字谜收起来，观察同学的反应和尝试方法）询问学生尝试了哪些方法？麻烦在哪里？是如何处理麻烦的？解决麻烦的方式效果如何？

（1）你们觉得哪块积木是最麻烦的？

（2）你们尝试了哪些方法？（堵住，或者盖住）效果怎么样？

（3）你仔细观察这块麻烦的积木有什么特点？它和我们解决这个 T 字谜有什么关系？

（可进一步提问）"T"字最重要的是转角处有一个直角，仔细观察每块积木，你们觉得哪块积木可能是解决问题的关键？

3.（再次尝试 2 分钟）探索学生有哪些发现。

（1）成功拼出了"T"字，你有哪些发现和收获？

（2）这块最麻烦的积木，给了你哪些启示？

总结：最烦恼的地方，反而成为最有用的地方。

（**设计意图**：学生将四巧板摆成正"T"字。其中不规则角积木恰是解决问题的关键。教师通过设置问题引导学生思考：最麻烦的积木成为解决问题的关键，从而引导出消极情绪的意义。）

三、团体工作阶段：情绪的意义与接纳

（一）情绪的意义

教师：刚才我们玩 T 字谜，发现最烦恼的地方竟然成了最有用的地方。那生活中我们有情绪，尤其是强烈的、让我们不舒服的情绪，我们常常想要快点赶走它、消除它。我们对不同情绪进行评价，喜欢的我们称之为积极情绪，不喜欢的称之为消极情绪。那么，消极情绪对我们有用吗？

邀请同学分享一个最近强烈影响自己的情绪。（也可以分享之前学生分享的作品）

1. 你的情绪是什么？

2. 情绪出现时，发生了什么事情呢？

3. 当这件事情发生时，你觉得情绪出现了，在这个事件中你有什么想法？

（板书）

事件	情绪	想法

总结：情绪是有意义的，我们可以一起来连接下面情绪和它对应的功能。情绪是适应环境、求得生存发展的重要心理工具，遇到威胁时，害怕能够让我们躲避或者反抗，快乐会让我们享受舒适等。

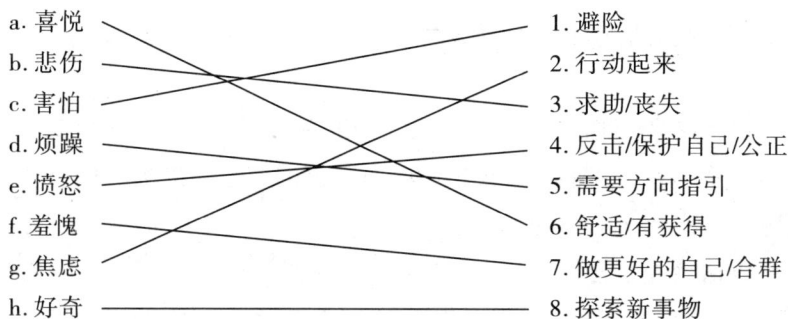

a.喜悦	1.避险
b.悲伤	2.行动起来
c.害怕	3.求助/丧失
d.烦躁	4.反击/保护自己/公正
e.愤怒	5.需要方向指引
f.羞愧	6.舒适/有获得
g.焦虑	7.做更好的自己/合群
h.好奇	8.探索新事物

（**设计意图**：从 T 字谜入手，带领学生说出在拼"T"字过程中事件背后的想法、需求，从而引导出情绪的意义。）

（二）情绪的接纳：情绪具象化

教师：每一种情绪都是有意义的。可是情绪有时很强烈和持久。我们用了很多方法也不管用。那当强烈的情绪让我们痛苦时，我们还可以做什么呢？我想邀请大家参与一个活动，接下来老师会在音乐背景声中，说一段指导语，大家跟着我的语言体验和觉察。假如你发现分神了，没关系，继续跟着指导语做就可以了。

教师念指导语（播放轻音乐，营造轻松、安全的氛围）："请调整你的坐姿，让自己舒服地坐着。然后闭上眼睛，放松身心，关注自己的呼吸，慢慢地吸气（1、2、3），慢慢地呼气（2、3、4）。现在聚焦于你的头顶，放松；脸部，放松；脖子，放松；肩膀，放松；胸部，放松；腹部，放松；背部，放松；双腿，放松；双手，放松。现在请你回忆最近发生过的一件让你有情绪的事情，当情绪浮现时，留意这是一种什么情绪，它在身体哪一个位置，请好好地感受一下它在你身体里的感觉，再看一看它，它是什么形状？它有多大？它是什么颜色？接着，请你把它拿出来，放到外面你喜欢的位置，静静地看着它，它发生了什么变化？好，如果你已经完成了，请继续深深地呼气吸气，5、4、3、2、1，慢慢地睁开眼睛。"

教师：同学们，刚才我们对情绪做了什么？当你这么做时，你有什么发现？

小结：我们仔细观察和感受了情绪，当我们这么做时，我们发现情绪不可怕。观察和感受的本质就是接纳。

（**设计意图**：运用接纳承诺疗法的情绪接纳技术，引导学生觉察情绪，尝试接纳情绪，带着平静、好奇，观察，感受情绪，并体验接纳情绪时身心平和的感觉。）

四、团体结束阶段：接纳情绪

教师：当情绪来临时，我们可以把它当朋友一样，尝试接纳它，带着平静、好奇，观察、感受它，我们会发现情绪是有功能的，它会提醒我们有些事情发生了，需要我们做出相应的行为。

但是接纳情绪并不容易。从人的本能来说，我们会趋利避害，这可能会让我们错过情绪的提醒，忽略情绪发出的信号。大家需要在平时的生活中尝试着和情绪相处，经常练习接纳、观察情绪，我们和情绪的关系才可能变得更为和谐。

活动反思

本节课试图引导学生认识情绪的意义，并接纳情绪，角度新颖。通过 T 字谜，学生对情绪的意义有了理性认识和初步体验，但真正用到生活实际中，可能还需要一个过程。如何利用其他形式，或者深化的主题引导学生，更好地帮助学生直面情绪问题，还可以做更深的探究。

从课堂氛围来说，"情绪具象化"需要在一定安全信任的环境下方能有更深切体验。如何在团体中创造安全放松的环境，尽量打动学生参与活动，与平时师生关系的积淀及课堂教学中创造的安全氛围密切相关，该部分在课堂上使用时需要谨慎。

第六章　黄之积极关系课程

第一节　亲子相约，温暖无限
—— 我能营造积极关系①

活动理念

　　心理学家指出，积极的环境系统更有利于个体形成积极的心理防御机制。帮助学生发展社交技能、沟通能力、换位理解能力，了解自我、他人与情境之间的关系，掌握积极有效的沟通技巧，如非暴力沟通、主动建设性回应等，建立和维护有价值的积极关系，对其塑造积极人格具有重要意义。

　　青春期是学生成长过程中的一个疾风骤雨时期，他们情绪起伏不定，独立性与依赖性并存，希望自主探索又需要成人引导，渴望话语权却缺乏社会经验。新冠肺炎疫情袭来，学生长期居家，生活作息改变、父母身份多重、思考方式不一致等原因导致亲子矛盾频发。这时引导学生形成积极认知，主动表达情感，探寻积极亲子互动方式尤为必要。

活动对象

　　小学五年级学生。

微课扫一扫

活动准备

　　电影视频剪辑、冲突事件整理。

---

　　①　此课程由广州市黄埔区怡园小学邓宝嫦设计。

活动目标

1. 认知目标：通过游戏，让学生认识目前与父母的相处状态，意识到沟通和表达的重要性，了解影响亲子关系的原因，反思自我。

2. 情感目标：引导学生接纳、允许冲突，产生积极的情绪体验，体会与家人共处带来的愉悦感、满足感，增强自身面对疫情的正能量。

3. 行为目标：使学生懂得换位思考，适当地表达情感和需求，主动改善亲子互动方式，营造充满爱和温暖的积极家庭关系。

活动重难点

1. 重点：让学生学会调整认知，接纳、允许冲突，主动改善亲子互动方式。

2. 难点：使学生意识到沟通和表达的重要性，能够适当地表达情感和需求。

活动过程

一、团体热身阶段：觉察亲子关系

（一）游戏动动身，关系查查看

教师：同学们，正式上课之前，我们先玩一个热身游戏。受疫情的影响，你们一直和家人们宅在一起，你们相处得怎么样？如果还不错，请你点点头；如果一般般，则耸耸肩；还有同学说不怎么样，请你重重地摇摇头。

（**设计意图**：通过简单的动作，迅速聚焦主题，让学生打开肢体，营造轻松愉悦的课堂氛围。）

（二）观看视频，情境迁移

教师：请同学们观看《头脑特工队》片段，看看在餐桌上发生了什么事情？

教师：影片中的女孩和父母大吵过后，甩门而去。疫情期间，你和你的家人闹过矛盾吗？老师这里啊，接到了两位同学——小军和小丽的求助。我们一起来听听他们的故事。（教师播放故事音频）

（故事音频1）宅在家里一个多月了，妈妈每天有说不完的话："小军，你洗手了吗？""怎么还不吃饭？""还不起床！""作业做完了吗？"怎么怎么怎么啦，没完没了。我也好想问问："妈妈，你能不能不要那么唠叨呀？"

（故事音频2）本来以为放假了，可以好好玩一段时间。没想到，假期变长了，我的苦日子也变长了。我爸妈就知道让我学习，刚放假就给我买了一大堆练习册，还整天将我和邻居小红对比，说我哪哪都不如她，说什么做什么都是我不好。因为疫情，还紧张兮兮的。这样的日子可真难受。

教师：他们俩的故事和你们家有相似的地方吗？长时间宅家，你可能会觉得父母唠叨、总是批评和对比，越来越多的意见分歧甚至争吵可能使你对这段宅家日子感到厌烦。

（**设计意图：**播放《头脑特工队》中的亲子冲突片段，引起学生共鸣。展示疫情期间两位同学的亲子相处问题，由电影转到学生实际，增强联结感。）

二、团体转换阶段：评价亲子关系

教师：同学们，刚刚我们回想了疫情期间和父母相处的点点滴滴，你的心情怎样呢？接下来，请同学们回答三个问题，这三个问题可以帮助我们换一个角度来评价我们的亲子关系。

请你给你的亲子关系现状打分。满分是 10 分，最低分是 0 分。分数越高，代表亲子关系越好。

你心目中的 10 分关系是怎样的呢？

如果要让分数提高，你可以做些什么？

（**设计意图：**亲子关系自评三问，层层递进，引导学生将亲子关系具象化并进行价值澄清，有利于帮助学生调整认知，促使其自我行动。）

三、团体工作阶段：改善亲子关系

教师：怎么利用这段时间，改善亲子关系呢？老师这里介绍三个方法。

（一）觉察情绪，正向表达

1. 教师释疑，接纳情绪。

教师：疫情期间，铺天盖地的疫情信息向我们袭来，病情数据、居家隔离、小区封闭这些消息都会让我们恐慌和害怕。家人和自己出现的烦躁、焦虑情绪都是正常的。

2. 正念练习，制作情绪天气报告。

教师：请同学们选一个自己舒服的坐姿坐好，闭上眼睛，调整呼吸，跟着音频进行练习。是的，如果我们把情绪看成天气，若出现阴天、暴雨、电闪雷鸣，让它保持原样，接纳这些情绪就好。同学们都学会了吗？你现在的心情，会用哪种天气来报告呢？现在请你拿出纸来，制作属于你的独一无二的情绪天气报告。

3. 合理表达四句式。

教师：我们接纳情绪，也要学会表达我们的感受，当父母让我们感到有压力了，我们可以采用合理表达四句式和父母进行沟通。

例子：爸爸妈妈，我知道你们担心我的学习；（积极同理）

但我心里觉得压力很大 ；（表达感受）

我想自己安排学习时间；（反馈需求）

这样可以吗？（共同商定）

同学们，你们都学会了吗？请大家就自己和父母的问题，练习合理表达四句式。

（**设计意图**：引导学生用正念和制作个人情绪天气报告来表达情绪，这符合小学生的认知水平，具有趣味性和可操作性。使用合理表达四句式来表达内心的感受和需求，可以宣泄亲子相处时出现的一些不良情绪，提升亲子沟通质量。）

（二）了解父母，学会感恩

1. 播放《感恩视频》。

教师：当我们觉得不舒服、难受的时候，需要将其表达出来。在亲子相处的过程中，感恩也很有必要。接下来，我们跟着这段视频，回顾一下我们的成长。（教师播放《感恩视频》）

2. 学生书写感恩三件事。

教师：看完视频，相信有一股暖流在大家心间涌动。疫情期间，我们有很多时间和父母在一起，请你观察、了解父母，每天写下三件值得感恩的事情并用自己喜欢的方式告知父母。

（**设计意图**：心理学家表明，每天记录三件值得感恩的小事情能增加幸福感。感恩是一种积极情绪，更是一种积极品质，学会感恩，是改善亲子关系的良药。）

（三）亲子互动，创造意义

教师播放亲子互动视频。

教师：除了把感恩挂嘴边，我们还可以和父母一起做一些有意义的事情，丰富我们的宅家生活。请同学们观看视频并分享你的感受。

（**设计意图**：在情感渲染之后，教师借助亲子互动视频，通过替代经验鼓励学生和父母一起丰富、充实宅家时光，具有行动指导意义。）

四、团体结束阶段：沉浸亲子关系

（一）回味积极时光

教师：刚才老师在介绍方法的过程中，你们脑海中肯定浮现了很多与父母相处的片段，请用一句话表达你的感受。

（二）教师总结

教师：居家面对面，也许你和父母会有冲突，但只要你愿意为改善亲子关系而努力，这段时间就弥足珍贵，希望老师介绍的方法能帮到大家。疫情之下，你在我在，亲子相伴，春暖花开！

活动反思

课程通过热身活动、《头脑特工队》影片片段导入，形象生动，富有趣味，能第一时间吸引学生眼球。教师根据学生实际情况提炼宅家亲子相处的关键词供学生选择，能引起学生共鸣，启发其思考目前的亲子关系状态，用分数计量方法对亲子关系进行自评，符合学生现实需要。教师利用音频、图片、视频短片等素材介绍正念练习、制作情绪天气报告、合理表达四句式、感恩三件事等实操性强的方法，能有效达成帮助学生调整认知、觉察亲子状态并主动改善亲子关系。重视调动学生的情感体验，逻辑性强，层层递进。

教师在短时间内向学生介绍了三种塑造积极亲子关系的方法，需要教师利用课后作业或者课后学生访谈的方式对课程有效性进行评价，以便进一步调整和提升。

第二节　夏天的第一杯奶茶

—— 我会感恩相遇，幸福相处①

活动理念

积极心理学认为，积极人际关系能有效促进青少年个体社会技能、自我意识的发展和学业成绩的提高。感恩是情感表达和情感流露的重要途径，可以诱发亲社会行为，促进建立积极关系，有利于提高个体的主观幸福感和生活满意度。

寄宿制初一学生由于缺乏集体生活和人际交往的经验，加上繁重的学业负担，很容易出现人际交往困扰的情况，尤其是室友之间的人际冲突，严重影响中学生的健康成长。初中阶段是个体心理发展成熟的关键时期，此阶段应引导学生探索发现宿舍生活中值得感恩的人和事，感恩过去的相遇，珍惜现在的相处，对未来充满希望，在"过去""现在"和"未来"中体验感恩情绪，培养学生感恩的积极心理品质，提高学生宿舍人际关系的和谐度和满意度，提高学生宿舍生活的幸福感。

活动对象

初一学生。

微课扫一扫

活动准备

盲盒学号卡、A3"奶茶"学案、彩笔、PPT。

活动目标

1. 认知目标：通过"抽取盲盒"环节启发学生认识到成为室友是一种难得的缘分，要学会感恩和珍惜。

2. 情感目标：学生在表达感恩的同时收获感恩，在感恩与被感恩中体验积极的情感流动和积极的人际互动。

3. 行为目标：引导学生学会在日常宿舍生活中挖掘值得感恩的事并学会表达感恩，形成良性人际资源，为构建积极人际关系储能。

---

① 此课程由广州市黄埔区铁英中学罗秋媛设计。

活动重难点

1. 重点：启发学生积极看待舍友关系，带领学生体验积极的人际互动，为构建积极人际关系储能。

2. 难点：引导学生在现实生活中用积极感恩的视角看待宿舍的人和事，持续提高学生宿舍生活的幸福感和满意度。

活动过程

一、团体热身阶段：奶茶串串烧

以同宿舍的同学为一组围坐在一起，教师随机点一个宿舍号，被点到的宿舍成员集体起立，依次"下单"自己最喜欢的一款奶茶，形成宿舍的"奶茶订单"。

教师：炎炎夏日，喝上一杯解暑又怡神的奶茶，简直是我们"续命"的快乐源泉，我们今天的主题就和奶茶有关，一起来清凉一夏。我们今天的活动是成立"感恩奶茶研究所"，制作"夏天的第一杯奶茶"，至于怎么制作，制作给谁，老师先卖个关子。我们先来抽个盲盒。

（**设计意图**：运用深受年轻人追捧的"奶茶"和"串串烧"概念作为开场，调动学生参与活动的积极性，拉近距离，活跃气氛，以串串烧的形式把宿舍成员联结起来作为铺垫，以"感恩奶茶研究所"为概念制造悬念。）

二、团体转换阶段：抽取盲盒——刚好遇见你

1. 每位同学在心里默想，对于现在宿舍的组成，你的满意度是多少分？（0~10分，0代表非常不满意，10代表非常满意）

2. 抽取盲盒：每个同学都拿到装有班上所有同学学号的盲盒，蓝色代表男生，红色代表女生，请每位同学随机抽取5张和自己同性别的卡片，重组新宿舍。

3. 问题。

（1）是否有人抽到5个都是自己原宿舍的同学？你的感受如何？

（2）你抽到几个是自己原宿舍的同学？

（3）对于新组成的宿舍，你的满意度是多少？和原来的对比是高了还是低了？（0~10分，0代表非常不满意，10代表非常满意）

4. 思考。

（1）我们和现在每一位舍友是注定被分到同一宿舍的吗？

（2）以班级为单位，我们和现在每一位舍友被分到同一宿舍的概率是多少？

（3）以班级为单位，我们组合成现有宿舍的概率是多少？

教师：是妙不可言的缘分使6个人相聚在一个宿舍里，是妙不可言的缘分使统计学上的小概率事件发生了，刚好就是你们之间的缘分使你们以这样的组合方式联结在了一起。

（设计意图：运用"盲盒"概念，紧跟潮流，激发学生兴趣。以随机组合的方式启发学生认识到和舍友的相遇是缘分使然，是小概率事件，从而激发学生的感恩和珍惜之情。）

三、团体工作：为友谊干"奶茶"——制作"夏天的第一杯奶茶"

（一）成立"感恩奶茶研究所"

教师：我们和每一个舍友的相遇并非理所当然，而是难能可贵，所以我们要常怀感恩之心。研究发现，常怀感恩之心可以提高人际关系的和谐度和满意度，提高我们的满足感和幸福感。所以我宣布，我们以宿舍为单位成立"感恩奶茶研究所"。"感恩奶茶研究所"，顾名思义，最重要的配方是感恩。

（二）为友谊干"奶茶"

教师：每一个"感恩奶茶研究所"的任务是为每一位舍友制作出独特、饱含友谊的"夏天的第一杯奶茶"，制作专属于你们的夏日记忆。

1. 奶茶制作步骤。

（1）每位同学拿到自己的"奶茶"学案，在自己的"奶茶"上写下自己的姓名。

（2）在小组内按顺时针方向依次传递"奶茶"。

（3）小组每一位拿到"奶茶"的同学，依次用写或画的方式在"奶茶"学案上为"奶茶"的主人翁添加奶茶配方。

（4）每位同学都要参与制作送给其他5位舍友的"奶茶"，即每一道配方都有 5 位舍友的留言。

（5）小组内每位同学选择一种特定颜色的彩笔。

2．奶茶制作要求。

（1）可用绘画的形式任意添加物料，要具有美感和创造性。

（2）内容积极向上，真诚真心，真情流露，慎用网络语言。

3．奶茶制作配方。

每一个配料用 1~2 个简洁、概括的关键词表达，每个关键词用指定形状框起来，可任意添加修饰。

（1）第一道："芋泥"相遇（◆）。

用 1~2 个关键词表达初见时你对对方的印象。

（2）第二道：芝芝"美美"（▲）。

用 1~2 个关键词盘点你们之间发生的美好珍贵的点滴和瞬间。

（3）第三道："珍"喜欢你（●）。

列举你欣赏 TA 身上的美好品质及优点，真诚地赞美 TA。

（4）第四道：感恩"多多"（♥）。

用 1~2 句话表达你对于遇见 TA 的感恩之情。

（5）第五道：关系加点"糖"（■）。

你们目前是几分糖，你们可以一起去做些什么事情让你们关系更亲密，列举 1~2 件事。

（6）第六道：满杯期待（★）。

用 1~2 个关键词表达你对你们未来关系走向的期许。

4．"收货"感言。

在"奶茶"学习单上用一两句话分享你收货后的心情及感受。

（**设计意图**：通过奶茶配方把对舍友的感恩之情表达出来，对过去积极回忆，对现在感恩珍惜，对未来抱有希望，培养学生的积极品质，塑造积极关系。）

四、团体结束阶段：打卡"感恩福袋"，给宿舍生活来点甜

（一）课后作业：打卡"感恩福袋"，给宿舍生活来点甜

每个宿舍领取一个"感恩福袋"，每人每天记录 1~3 件宿舍内当天值得感恩的事，两周后进行分享。

（二）教师小结

教师：通过刚刚的奶茶制作及"收货"心情分享，我们发现不管是感恩的人还是被感恩的人，都有更多的积极情绪体验。我们在生活中也应该多多练习感恩，感恩不是一时一刻，而应该是时时刻刻，让感恩变成一种思维习惯，让感恩幸福你我。

（**设计意图**：通过"感恩福袋"，让学生关注宿舍生活中的积极面，挖掘宿舍的资源和优势，培养"感恩"的积极心理品质。）

活动反思

本次课程以"夏天的第一杯奶茶"这一网络热词作为主题，立意新颖，引人关注。在"奶茶串串烧"环节，通过"下单"奶茶，形成宿舍的"奶茶订单"，为后续活动做铺垫，同时融合了"盲盒""研究所""芋泥""芝芝""多多"等时下流行的元素，趣味十足，迅速击中学生的关注点，激发学生参与的热情。

课程实施过程中发现，在"抽取盲盒"活动中，可能有些学生会将自己对某个舍友或新组"舍友"的情绪表现出来，应注意引导放下个人情绪、偏见，以尊重、包容、接纳的态度投入活动；在"制作奶茶"阶段，注意引导学生对全体舍友的表达，尤其是挖掘与关系不太亲近的舍友之间的积极互动，启发学生善于发现生活事件中的积极面，聚焦宿舍生活情境中的积极资源，培养学生的积极情感，进而形成感恩的积极心理品质。

第三节　沟通让家暖人心
—— 我能构建积极亲子关系①

活动理念

在抗击新冠肺炎疫情期间，学校根据防疫需要安排学生居家学习，这使得高中生与家人之间有了一段难得的相处时光。但长时间的居家生活容易使人产生烦躁的情绪，生活学习琐事都尽收父母眼底，部分学生与父母的矛盾频发，沟通不

---

① 此课程由广州市玉岩中学孙媛媛设计。

畅，影响到居家的学习与生活。

人际关系是马丁·塞利格曼提出的 PERMA 模型的一个重要维度。和谐的人际关系是幸福的源泉之一。本课以美国心理学家埃里克·伯恩（Eric Berne）的 PAC 理论为基础，帮助父母和孩子在沟通时判断彼此处于什么类型的自我状态，并针对对方的自我状态合理调整自身的状态，以使亲子沟通保持顺畅并达到有效沟通的目的，促进亲子关系的提升。

活动对象

高中学生及家长。

微课扫一扫

活动准备

教学 PPT、电影《囧妈》视频片段。

活动目标

1. 认知目标：了解亲子沟通不畅的原因，掌握 PAC 理论的基本含义。
2. 情感目标：能用积极的态度面对疫情期间亲子沟通时出现的矛盾。
3. 行为目标：学会用合适的自我状态进行亲子沟通，努力构建和谐的亲子关系。

活动重难点

1. 重点：理解 PAC 理论的基本含义。
2. 难点：学会识别沟通中的不同状态，并及时调整合适的自我状态。

活动过程

一、团体热身阶段

教师：春节期间，有一部电影以网络的形式首映并备受关注，这就是电影《囧妈》，下面就让我们来看一段电影的片段（播放视频）。

火车上有限的空间，让主角伊万不得不直面与母亲的沟通问题，这让老师想到，让成年人都感到头疼的亲子沟通问题，同学们有没有同感呢？今天我们就来聊一聊亲子沟通的话题。

（一）亲子沟通小测验

教师：我们先和父母一起完成一个亲子沟通的小测试，了解一下你们目前的沟通状况。根据每个问题描述情况与你的符合度，回答"是"或"否"。

学生和家长分别完成测试题目。

教师：肯定的答案越多，说明你们之间的沟通情况越好。下面，老师邀请你们和爸爸妈妈根据答案的情况来做一些身体的互动。

（二）亲子小互动

教师引导学生和家长根据作答情况分别做出相应的动作。

教师：怎么样？你们和爸爸妈妈的动作一样吗？如果动作一致，就一起完成一个大大的拥抱，或握握手、互相微笑，或者对视一下吧！如果你们的动作不一样，看来你们彼此对沟通的期待是有差异的哟，老师建议你们一起好好讨论一下。

（**设计意图：**通过播放电影片段引导学生与家长反思自己家庭中的亲子相处画面，通过亲子沟通小测验让学生与家长认识到彼此沟通中存在的问题。）

二、团体转换阶段

教师：随着我们的不断成长，亲子沟通其实变得越来越难了。我们明明都知道父母是最爱我们的人，可有时沟通却并不容易。你觉得有哪些原因呢？

1. 自身因素：青春期阶段"我们"处于"心理的断乳期"。

2. 父母因素：第一，与孩子沟通的方式方法简单，无法满足孩子的成长需要；第二，过于看重成绩，忽视孩子的情感需求，出现猜疑和不信任。

3. 疫情因素：在疫情的影响下，很多人缺乏安全感，社交需要得不到充分的满足。

教师：尽管如此，但也正是这段珍贵的相处时光，让我们有机会和父母一起正视问题，学习沟通的正确方式，让家变成温暖内心的港湾。

（**设计意图：**让学生与家长反思在居家学习期间亲子沟通不畅的可能原因。）

三、团体工作阶段

教师：下面根据 PAC 理论，介绍亲子沟通的小攻略及练习的方法。

（一）介绍 PAC 自我状态理论

教师：美国心理学家埃里克·伯恩认为：每个人的自我意识中都隐藏着三种状态：父母、成人和儿童状态。

父母自我状态（P）是指每个人拥有从父母身上学来并形成的行为方式、思想观念、性格态度等的状态。父母自我状态主要表现为控制或照顾他人。

成人自我状态（A）是指通过自己的理解和思考，对事物做出客观理智的反应，不带有主观偏见和个人情绪的状态。

儿童自我状态（C）是指以儿童的方式对周围的环境和事物做出反应的状态。表现为自然直接地表达情绪，服从、乖巧，或表现为不听劝导，难于管教。

每个人的身上都同时存在这三种状态，但在人际沟通中每次主要以一种状态出现。

（二）如何与 P 状态的父母沟通

教师：当家长呈现 P 状态的时候，如果我们用 P 状态去应对，P 与 P 的大对撞，很容易激化矛盾。若直接以 A 状态应对，家长也会抓狂的。我们可以试试先使用 C 状态，等家长气消了再与家长讲道理，理性地沟通，用自身的 A 状态激发出家长的理性 A 状态。

（三）亲子沟通练习

教师：了解了 PAC 理论，我们还要在日常生活中不断练习才能灵活地运用。

1. 情境对话练习。

情境：假期里的一天，爸爸/妈妈看到孩子正坐在沙发上看手机，想到即将开学，不知道孩子的作业完成没有，心里有点焦虑和着急。

教师分别提问父母与子女，如何调整自我状态并组织语言？

教师给出建议的沟通语言：（父母）你在看手机啊，我有点担心这样经常看手机会影响你的学习啊，心里有点替你着急，真希望你能多花时间在学习上面，毕竟马上就要开学了。（孩子）嗯，您说的对，常看手机确实会影响学习。其实我发现自己确实有点手机依赖，我自己也想改，就是做起来不太容易。

2. 日常自我对话三部曲。

教师：我们还可以通过日常自我对话三部曲进行练习。主要包括提问、表达和想象三个步骤。

提问：爸爸妈妈现在是哪种状态？孩子处于哪种状态？我用哪种方式来沟通才更有效呢？

表达：灵活运用自我状态组织沟通的语言，包括身体语言。

想象：想象亲子沟通顺畅的情景，增加沟通的信心。

（**设计意图**：通过亲子练习的指引，引导学生与家长在日常生活中不断练习，学会应用 PAC 理论进行沟通。）

四、团体结束阶段

1. 邀请学生回顾本课内容并写下活动心得。

教师：本节课分析了居家期间亲子沟通不畅的原因，并根据 PAC 理论指导学生与家长在日常生活中学会判断对方的自我状态并合理调整个人沟通时的状态，以此改善亲子沟通的现状，改善亲子关系。下面请同学们用关键词写下本次辅导的活动收获。

2. 教师总结：每个人都是独立的个体，每个个体都应该是完整的，爱不是控制和索取，爱是接纳和尊重。在疫情期间，愿我们珍惜与家人互相陪伴的时光，正确地表达爱，和谐相处，让家暖人心。

活动反思

随着孩子的不断成长，亲子沟通变得越来越不容易。通过本次团体辅导活动，让孩子与家长了解到和谐的亲子关系是需要双方共同努力的。通过亲子沟通小测验让父母与孩子了解亲子沟通不畅的原因是多方面的。父母需要在孩子的成长过程中根据孩子的自我状态及时调整与孩子沟通的策略，而孩子则需要理解父母严厉背后的爱，学会用合适的方式与父母沟通。

本次团体辅导活动所介绍的 PAC 理论理解起来并不困难，但父母与孩子由于长期以来沟通上的习惯，要想让 PAC 理论真正帮助到亲子沟通的状况仍需要亲子双方不断地日常练习。因此在活动最后，介绍日常练习的方法，只有父母与孩子坚持练习，才能在生活中信手拈来地应用，改变一贯的不良沟通模式，重建和谐的亲子关系。

第四节　语言是窗户

—— 我愿非暴力沟通①

活动理念

马歇尔·卢森堡博士指出，沟通双方在言语上的指责、嘲笑、否定、说教等给我们带来的情感和精神上的创伤，甚至比肉体上受到的伤害更加令人痛苦。1963 年卢森堡博士提出了"非暴力沟通"这一沟通新模式，这一模式有四要素：观察、感受、需要和请求。高中生正处于自我意识发展的高峰期，但由于生理、心理发展的不平衡等原因，容易产生人际交往困扰。人际交往的过程中，沟通是主要的渠道，而语言又是重要的载体。高中生在人际交往过程中有意无意的语言暴力也时有发生，这种悄然无声的伤害虽然很隐蔽，却给处在敏感时期的高中生的身心健康造成了严重的不良影响。

活动对象

高一学生。

微课扫一扫

活动准备

教学 PPT、教学任务纸 50 张（含暴力沟通句子的任务纸和空白任务纸各 25 张。注：本节课以班级人数 50 人为例）、视频、背景音乐、彩笔、眼罩 25 个。学生分组：全班均分为 2 部分，完整的内圆（25 人）和外半圆（25 人），如图 6 - 1（a）所示。

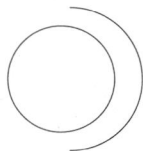

活动前 25 人围坐成一个内圆，剩下的 25 人围坐成一个外半圆

（a）

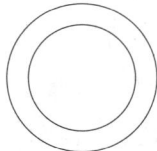

团体工作阶段，坐在外半圆的 25 人起立，一一对应站在内圆 25 位同学的身后，形成 2 个同心圆

（b）

图 6 - 1　游戏图示

---

① 此课程由广州市第二中学陈慧慧设计。

活动目标

1. 认知目标：了解语言暴力及非暴力沟通。
2. 情感目标：感受人际交往过程中语言暴力对他人的伤害及非暴力沟通的魅力。
3. 行为目标：发展学生社交技能、沟通与爱的能力，培养其人际交往过程中的共情和换位思考的能力。

活动重难点

1. 重点：体验人际交往过程中暴力沟通及非暴力沟通两种语言沟通模式。
2. 难点：引导学生将非暴力沟通模式运用到实际的人际交往中去。

活动过程

一、团体热身阶段：语言去哪里了

教师提问：（1）我看到大家都在课间开心地聊天。我们每天都在说话，都在使用语言，那么大家有没有想过，我们每天大概说多少个字呢？

（2）这些说过的字组成了无数句话，那么，这些话都去哪里了呢？

（3）如果有1%，或者0.1%，甚至0.01%的可能性，这其中某些语言去了一个神秘的世界，那这会是怎样的一个世界呢？接下来让我们一起来体验。

（**设计意图**：通过提问引导学生思考，有些语言可能去了一个"神秘"的地方，让学生带着好奇与兴趣参与到课堂中来。）

二、团体转换阶段：暴力沟通体验

外圆的25位同学每人拿到一张纸条，每张纸条上均有一句话。内容均来自面向高一年级的一项调查的回应：成长过程中你听到的最受伤害的一句话是什么？

纸条内容如下：

> 请安静并认真读下面的一句话，用心想象和体会说话人的语境、语气和情绪，进入角色并稍后逐一起立将这一句话真实还原出来。
>
> 1. 就凭你是做不到的，还是放弃吧！

全部纸条内容如下：

1. 就凭你是做不到的，还是放弃吧！	14. 你到底能干什么?!
2. 你看看你自己，再看看别人！	15. 关你什么事?!
3. 就凭你？做梦吧！	16. 我不喜欢像你这么装的人！
4. 你很讨厌，走开！	17. 凭什么要听你的？拽什么拽！
5. 没用的，你永远也比不上他们！	18. 你怎么事这么多？
6. 这么丑的发型，装什么可爱！	19. 你考不上二中的！
7. 你努力有什么用，不还是这样吗？	20. 这点事都做不好，你怎么这么蠢?!
8. 我很忙，不要来烦我！	21. 还不是因为你，不然我们怎么会被扣分？
9. 你脑子不开窍！	22. 别说了，我不想听！
10. 你这么胖还吃这么多啊！	23. 你怎么这么矫情，你还是不是男生?!
11. 当班委了不起吗？你有什么资格管我！	24. 你以为别人都跟你一样傻吗？
12. 我对你真失望！	25. 就你这样，将来到社会上，能有什么用？
13. 装什么学霸，你再怎样也考不了第一！	

教师：请内圆同学戴上眼罩（开始播放轻柔的背景音乐），外圆同学逐一站在内圆同学的身后并将纸条上的内容读给他听。读完之后，外圆同学按照顺时针的方向移动3步，将这一句话读给此刻坐在你前面的同学听，最后再一次移动3步，并读出纸条上的内容。

内圆同学逐一分享听到的记忆最深刻的一句话和感受。

教师：我看到很多同学在听到这些话后有些触动，但有些同学在听到这些话后好像没什么感觉，可能难以理解这些经常说的话怎么就会让那些同学受到伤害呢？这是我们作为旁观者的感受，那么当事人呢，他们的感受是怎样的？我们一起来看一下。

播放视频《停止语言暴力》。

（**设计意图**：在活动体验中让学生感受人际交往过程中语言暴力对他人的伤害，并通过视频的方式加深学生的情绪唤醒与记忆。）

三、团体工作阶段：非暴力沟通体验

教师：当事人的感受正如视频中所呈现的一样，那些话一句句都烙在了他们的身上，烙在了他们的心里和记忆里。假如时光可以倒流，我们该如何修改这些话，让那些受到伤害的同学在听到的时候感觉会好一点？请外圈的同学思考一下，你将如何修改这些话呢？

内圈的同学们，如果这一句话就是对你说的，你希望这一句话如何修改你才会觉得能够接受呢？请在纸条上写下你想说的话。

如果大家还不确定要怎样修改才是最好的，那么你可以在那张纸条上写下你对那位受到伤害的同学安慰或者鼓励的话。

教师：请内圈同学戴上眼罩，外圈同学再次站起来走到刚才那位同学的身后，并将你写的这一句话告诉他。

内圈同学逐一分享听到的话以及自己的感受。

（**设计意图**：在活动中让学生感受非暴力沟通语言的魅力，培养学生人际交往过程中的共情和换位思考的能力。）

四、团体结束阶段：《语言是窗户》诗歌朗诵

教师总结：语言是窗户，让我们彼此走得更近；语言也可能是一堵墙，将我们阻隔得更远。当我们褪去隐蔽的精神暴力，那么爱将自然流露。我也相信我们这个团体一定是一个温暖、和谐、充满爱的大家庭。最后，我想把《语言是窗户》送给我们全体同学，也想邀请一位同学来为大家朗读。

语言是窗户
听了你的话，我仿佛受了审判
无比委屈，又无从分辩
在离开前，我想问
那真的是你的意思吗？

在自我辩护前
在带着痛苦或恐惧质疑前

在我用言语筑起心灵之墙前
告诉我，我听明白了吗？

语言是窗户，或者是墙
他们审判我们，或者让我们自由
在我说与听的时候
请让爱的光芒照耀我

我心里有话要说
那些话对我如此重要
如果言语无法传达我的心声
请你帮我获得自由好吗？

如果你以为我想羞辱你
如果你认定我不在乎你
请透过我的言语
倾听我们共有的情感

——鲁斯·贝本梅尔

（**设计意图**：诗、音乐加上学生真诚的朗读，既是对本节课的总结，也是学生情感的升华与自然表达，在温暖有爱的氛围中结束本节课。）

活动反思

活动效果不错，可能主要来自它的真实性。第一个真实，是课堂中所用的暴力沟通的语言素材，它是通过对高一年级的调查而收集得到的，它的真实容易引起学生的共鸣。第二个真实，是学生在课堂中生成的内容是真实且被包容的，活动过程中运用了眼罩来减轻外圈同学读暴力沟通语言的压力，同时也让内圈同学有更真切的体验。第三个真实，是全体同学对暴力沟通的语言进行修改以及对受到伤害的同学的安慰与鼓励也是真实、温暖而感动的。因此这堂课对于学生们来说应该会是深刻而特别的体验。

第七章　赤之积极投入课程

第一节　凝聚专注力，学习入佳境
—— 我能专注学习①

　　小学阶段是一个容易受外部环境影响的阶段，小学阶段学生注意力的特点是无意注意占主导地位，有意注意有一定的发展。注意力的集中性和稳定性比较差，常常带有情绪色彩，注意力分配能力弱。通常小学一至四年级的学生可以连续集中注意力 20 分钟左右，四年级以上的学生则为 25~30 分钟。在学校有教师和同伴监督，而在家独自学习可能会面临很多诱惑，比如因为手机、电脑、电视和零食的诱惑，从而在学习的时候会经常走神，无法安心学习，一心多用，最后导致学习效率低下。本节课结合美国积极心理学家米哈里·契克森米哈赖（Mihaly Csikszentmihalyi）提出的心流理论，同时运用舒尔特方格（Schulte Grid）、视觉跟踪和色字干扰训练三种专注力训练方法培养小学生的专注品质，提高小学生的学习效率。

活动对象

　　三、四年级小学生。

微课扫一扫

活动准备

　　教学幻灯片。

---

　　① 此课程由广州市黄埔区怡瑞小学马苑设计。

活动目标

1. 认知目标：明白专注力低下会影响学习的效率，了解专注力低下的原因。
2. 情感目标：感受到专注带来的兴奋感和幸福感，激发学生提升专注力的动机。
3. 行为目标：掌握提升专注力的方法，学会在学习前设定明确目标并建立学习仪式感，坚持做专注力训练游戏。

活动重难点

1. 重点：明白专注力低下会影响学习的效率，掌握提升专注力的方法。
2. 难点：感受到专注带来的幸福感，坚持舒尔特方格、视觉跟踪和色字干扰训练三种专注力训练。

活动过程

一、团体热身阶段：情景导入，引发思考

教师：同学们，最近五年级的小新同学在家复习准备期末考试，但是一整晚却只复习了一点点。这究竟是为什么？我们一起来帮他找一找原因吧！

播放视频《复习前一晚》，思考小新同学复习效率低下的最大原因是什么？

（**设计意图**：通过观看《复习前一晚》视频并思考，明白专注力低下会影响学习的效率，了解专注的重要性。）

二、团体转换阶段：分析原因，自我觉察

教师：视频中，小新同学不专注的原因有哪些呢？如果你也有相同的经历，请你跟着小黄人做相同的动作。

1. 开始复习前没有明确的目标，不知道要先复习哪些内容。
2. 复习的时候把手机放在身边，干扰复习。

（**设计意图**：通过分析视频中不专注的原因，自我觉察，意识到自身的问题，激发学生想提升专注力的动机。）

三、团体工作阶段：认识心流状态，专注且幸福

教师：我们都知道专注对学习有很大的帮助并且非常重要。那么专注的状态到底是什么样的呢？我们一起来看一看吧。

1. 播放视频《心灵奇旅》中的片段。当主角乔在专注地弹钢琴的时候，就进入了心流状态。在此状态时，乔进入忘我的状态，并伴随着兴奋及充实感。这就是心流的状态，它会让我们变得更自信、更专注。心流能够锻炼专注力和提升自信心。

2. 美国积极心理学家米哈里·契克森米哈赖率先提出心流理论，心流是指一种人在专注进行某行为时所表现的心理状态。这种主观状态通常伴随着积极的情绪体验，人们在参与到这件事情中时会忘记了时间和疲劳，以及除了活动本身之外的一切事物。如音乐家在创作时的全神贯注，充满激情；或者我们在埋头看一本小说时忘记了时间。

（**设计意图**：通过观看《心灵奇旅》中主角专注地弹钢琴到忘我的状态，加深对心流状态的了解，同时明白心流状态能够锻炼专注力和提升自信心。）

四、团体结束阶段：凝聚专注力的方法

教师：心流的状态是专注且让人感到幸福的，如果我们在学习的时候也能达到心流的状态，那么学习也会给我们带来充实感和幸福感。那么在学习的时候该如何凝聚专注力呢？

（一）设定清晰小目标，及时反馈有奖励

1. 每次学习之前，要给自己设立一个非常具体的小目标，目标难度最好高于目前自身能力的 5%~10%，并把它列出来。比如早上用 10 分钟背一首诗，下午花一小时完成数学练习册某页的题目。

2. 及时的反馈。为什么当我们乐此不疲地刷抖音、打游戏的时候非常专注呢？因为有了及时的反馈，这能让我们获得充足的快感，并进一步强化下次的行为。所以要及时给予自己反馈，比如做完这套练习题就去吃一点美食，或者背诵完这篇课文就奖励自己玩 10 分钟乐高。

（二）清空干扰仪式感，塑造专注好环境

手边管理法：要有仪式感，在学习之前先收拾桌面，保持简洁，以自己为中心的区域划分为低、中、高三个风险区域。高风险区摆放与任务有关的学习资料，而把手机、平板电脑等具有诱惑力的物品放在离自己 10 米远的低风险位置，且关闭电视等容易让人分心的物品。把与任务有关的物品摆放在显眼的位置。

（三）趣味小游戏，训练专注力

1. 舒尔特方格。在一张方形卡片上画上 1cm×1cm 的 25 个方格，格子内任意填写上阿拉伯数字 1～25 共 25 个数字。训练时，要求被测者用手指按 1～25 的顺序依次指出其位置，同时诵读出声，测试者一旁记录所用时间。数完 25 个数字所用时间越短，专注力水平越高。

2. 视觉跟踪。在相似的数字中一共能找出多少个 686？多少个 688？用最快的速度圈出来。速度越快，代表专注力越集中。请同学用最快的速度圈出来哦，这个游戏可以在家里训练自己的专注力。

3. 色字干扰训练。任务 1 是快速读出字的读音，如绿色的"黄"字应该读黄。让学生一起来读一读字的读音。任务 2 是快速读出字的颜色，绿色的"黄"字应该读为绿。让学生在家按照任务 1 和任务 2 的要求读字，帮助学生排除干扰，提高专注力。

活动反思

本节课通过生动、有趣的视频导入，引起了学生的学习兴趣。电影《心灵奇旅》中主角专注弹钢琴的片段，让学生充分地感受到了专注带来的充实感和幸福感。在舒尔特方格、视觉跟踪和色字干扰训练三种专注力训练的游戏过程中，因游戏具有挑战性和趣味性，且难度适中，使课堂上学生的注意力非常集中。本节课需要改善的地方在于学生对心流的理解部分，以及未来要在设定明确的目标、及时反馈方面提供给学生更多的实际范例，让学生懂得更具体的操作技巧，有助于培养学生的专注品质。

附录

1. 舒尔特方格卡片。

23	6	10	25	17
12	15	1	5	24
18	19	11	7	8
22	3	2	14	9
13	20	16	4	21

2. 视觉跟踪卡片。

868	866	668	688	868	866	886
866	868	686	886	688	866	866
686	868	688	866	868	686	866
898	689	668	688	686	886	899

第二节 "明天"变形计
—— 我能科学管理时间①

活动理念

自律是积极心理学提出的 24 项积极心理品质之一，自律包括了个人对时间的管理和规划。学生进入初中后，自我意识增强，渴望自主决定生活的愿望变得强烈。然而，由于学习科目增多、学习内容加深、学习方法需要改进等因素，学生会出现适应不良，从而表现出学习无计划、生活忙乱不堪、做事效率低等问题。这些问题会影响他们的情绪感受、自我掌控感和自我评价。本课针对初中生常感受到"忙"和"乱"的情况，通过前期调查，结合人格特质理论与时间管理方法，融入教育戏剧习式，使学生在体验他人时间管理困惑的基础上尝试了解、选择适合自己的时间管理方法，最终突破时间管理困境。

---

① 此课程由北京师范大学广州实验学校王雪纯设计。

微课扫一扫

活动对象

初二学生。

活动准备

时间管理锦囊卡、PPT。

活动目标

1. 认知目标：觉察自己在时间管理方面的困惑，充分了解各种时间管理工具。

2. 情感目标：使学生产生有关时间管理困惑的情感共鸣，以及科学管理时间的愿望和效能感。

3. 行为目标：能够通过课堂所学有针对性地解决自己的时间管理困惑，在生活实践中学会科学安排自己的时间和事情。

活动重难点

1. 重点：学生懂得时间管理的重要性和必要性，产生科学管理时间的愿望和效能感。

2. 难点：学生能够通过课堂所学有针对性地解决自己的时间管理困惑。

活动过程

一、团体热身阶段：觉察时间管理现状

【大风吹】

教师：请全体同学起立，由我开始说"大风吹"，所有同学回应"吹什么"，我说一部分同学身上有的物品或特征，符合特征的同学请起立。

问题示例：认为自己最近比较忙的、事情做不完的、没时间休闲娱乐的、希望自己有三头六臂的、睡不够的、不够时间洗澡的、走路超级快的、总是被催着做事的……

（**设计意图**：调查学生对时间管理的态度，为主题铺垫，通过提问，引发共鸣。）

二、团体转换阶段：分析"明天"的烦恼

【墙上的角色】

PPT呈现"明天"信息：时间不够用的初中生——"明天"同学，初一年级，周一到周五住宿，经常感到时间不够用……

教师：请大家猜一猜，"明天"同学遇到了哪些时间不够用的情况？

学生举手回答，教师摘要板书。

（**设计意图**：让学生对"明天"这个角色有一个初步的感知，表达自己相关的生活感受，便于接下来投入到角色中去。）

【定格画面】

教师：请大家将"明天"时间不够用的具体情形用定格画面的形式表演出来。

学生将"明天"在生活中出现的时间不够用的情况，仿照"录像机"暂停的功能，把画面凝固。学生运用肢体形态，集体复制一个影像画面，从而具体地呈现事件。定格后，教师拍参演学生的肩膀，请他们说出一句台词。

教师询问扮演"明天"的演员，当时间不够用时，"明天"会有哪些内心感受和需求？"明天"回答完，再问其他同学作为观众觉察到"明天"的哪些内心感受。

PPT呈现参考

忙碌	高效	紧迫	低落
充实	信心百倍	烦躁不安	挫败
应付自如	成就满满	焦虑	疲于应付
按部就班	惬意	盲目	毫无头绪
目标明确	精力充沛	回避	无聊

（**设计意图**：为众活动者提供一个从旁观者角度进行自我觉察与体会时间不够用的情境，为个别活动者提供一个反思的空间。）

【集体会议】

教师：请大家思考一下引发"明天"时间不够用的核心原因，每组派一名

代表总结。

原因示例：完美主义、拖延症、焦虑、不甘心、憎恨、无聊、分心走神、手机、累了、困了、饿了、朋友总是要我陪他、把最重要的事放到最后、总以为还有时间……

教师摘要板书并进行分类，类别有生理原因、技巧原因、观念原因、动力原因、情绪原因、其他原因。

（**设计意图**：探索"时间不够用"背后的核心原因。）

三、团体工作阶段：时间锦囊推介会

【教师入戏】

由教师通过"假想"投入"明天"的角色世界之中，请学生们来帮"明天"解决问题。

教师：大家好，我是明天。又到周五了，真棒，我一定要一回家就把作业做完，剩下的两天好好犒劳一下自己！唉……折腾半天，好不容易回家了，实在太累，我只想躺着刷会儿手机，作业明天早起做吧。呼，天亮了，今天是周六，我这一周都起得比鸡早，算了，今天我要好好睡个懒觉。中午起床，老妈让我将这周带回来的校服和臭袜子洗了，我才刚起床呢，给老妈撒个娇，一会儿还得去做作业，您老帮忙洗一下吧。时间一晃到了周日下午，妈妈在催我："明天，快点，要去学校了。"什么！这么快，我作业还没做完呢，我记得昨天做作业了呀，后来好像玩了会儿手机，再后来……我到底该怎么办呀，谁来救救我！

教师小结"教师入戏"环节中同学们现场生成的时间管理建议，摘要板书。

【时间锦囊推介会】

教师暂时脱去"明天"的角色外衣，给每个小组分发一种类别的时间锦囊工具卡，小组讨论，请同学们自主学习、了解该项时间管理工具，组织语言介绍该项时间管理工具的特点与优势。

讨论结束后，每组派一名代表为教师扮演的"明天"同学推荐自己小组的时间锦囊并说明推荐理由。推荐之后，由教师扮演的"明天"给每个推荐锦囊的小组颁奖，比如：最有创意介绍奖、最有效果奖、跃跃欲试奖……

时间管理锦囊卡：

1. 方向比努力更重要。

2. SMART 目标原则：制定目标必须是具体的（specific）、可以衡量的

（measurable）、可以达到的（attainable）、要与其他目标具有一定的相关性（relevant）、必须具有明确的截止期限（time-based）。

3. 精力管理：精力就是效率，有节奏地工作，意志坚定＋思维清晰＋情感联结＋体能充沛＝全情投入。

4. 番茄工作法：①选择一个行动/待完成任务；②倒计时 25 分钟；③每吃掉一个番茄（完成一个任务）休息 5 分钟，连续吃 3 个，休息 15 分钟。

5. 猴子法则：责任是一只猴子，要做好授权分责，本来该自行完成的工作，因为逃避责任的缘故，交由别人处理。要明确自己的责任边界，将猴子归还给他的主人。

6. 三只青蛙：指的是我们每天（周、月、年）最重要的三件事。找出你一天、一周、一个月、一年、一生中最重要的三件事，它们就是你必须吃掉的"三只青蛙"。切记要首先吃掉最大、最丑的那只！这说明，在生活中，最佳时间应匹配在最重要、最难的事情上。

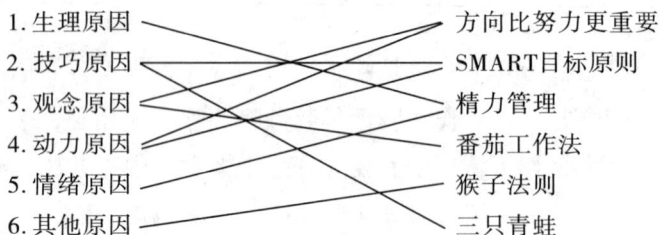

1. 生理原因 ———— 方向比努力更重要
2. 技巧原因 ———— SMART目标原则
3. 观念原因 ———— 精力管理
4. 动力原因 ———— 番茄工作法
5. 情绪原因 ———— 猴子法则
6. 其他原因 ———— 三只青蛙

（**设计意图**：教师用"明天"角色解释时间锦囊背后的设计目标，让学生在助人过程中进行自助。）

四、团体结束阶段：回顾总结

【梳理归纳】
带领参与者回顾、梳理解决方案，进行简单归纳，探求一般规律。

【我记得】
请大家用"我记得"句式对"明天"说一句话。

教师：我记得今天有一个叫做"明天"的同学，他时间管理得不太好，经常感到挫败和自责，经过同学们的帮助，明天已经学会了一些方法，现在请大家对明天说一句话，可以是鼓励也可以是任何一句你想对他说的话。

【总结】
通过引出时间管理名人拓展升华，点题升华。

教师：有了大家的鼓励，相信"明天"一定能学会科学安排自己的时间和事情。其实我们生活中或者历史上也有很多时间管理优秀的名人，你们知道吗？对，曾获得"共和国勋章"的钟南山院士就是一位时间管理大师，我们一起来看看他的故事。希望大家能够通过今天课堂所学有针对性地解决自己的时间管理困惑，在生活实践中学会科学安排自己的时间和事情。

活动反思

本课通过活动让学生体验时间不够用的感受和探索背后的核心原因，通过向"明天"推荐时间锦囊，帮助"明天"自学时间锦囊，并且回答"明天"的各个问题、疑惑，从而生成对时间管理工具自身的理解，进而使学生在面对时间不够用情况时产生思想的转变和行为的再选择，最终给同学们带来影响和再转变。学生感触最深的部分是在定格画面和教师入戏环节，在探讨"明天"时间不够用时的内心感受和需求，想办法帮助"明天"时，学生全身心投入、集思广益。本课和其他时间管理课程最大的区别在于改变传统课堂的师教生学模式，调动学生学习的主动性。

本课仍然有很多不足，比如时间的把控上，前期情境建立花费了太多时间，所以笔者进行了一些更改，把更多的时间用在教师入戏和总结环节，以便更好把握课程的重难点。

第三节　学做"精力派"，学习高效率
—— 我能积极管理精力①

活动理念

近期针对高二学生的一项有关时间管理的调查数据表明，有98%的学生觉得备考时间不够用，很多高二学生抱着"学习时间越长效果越好"的想法，拼命熬夜挤时间学习，几乎达到了自己的生理极限，原以为通过延长学习时间就可以提高学习成绩，结果却适得其反。由于忽略了精力管理，不少学生出现体能下降、注意力涣散、心烦意乱、白天困倦而晚上又失眠多梦等现象，反而降低了学习效率。要提升学习效率，不能仅依靠时间管理，更要做好精力管理。著名心理

---

① 此课程由广州市黄埔区教育研究院庄续玲设计。

学家吉姆·洛尔（Jim Loehr）提出精力管理金字塔模型理论，他认为精力管理的金字塔模型从下而上包括体能、情感、思维、意志四个方面，四种精力相互独立而又彼此关联，只有调动四种精力源全情投入才能更高效完成任务。

活动对象

高二学生。

微课扫一扫

活动准备

教学 PPT、A4 白纸、正念冥想音乐、多媒体设备、教学设计、课件制作。

活动目标

1. 认知目标：了解精力管理的概念及精力管理金字塔模型，理解及时补充、恢复精力对提升学习及备考效率的重要性及意义。

2. 情感目标：激发学生自我觉察精力管理现状的兴趣及自我精力管理的积极性。

3. 行为目标：引导学生将精力管理的四个妙招运用到紧张的学习备考中，提高学生精力管理能力，全情投入学习，提高学习效率。

活动重难点

1. 重点：备考是对学生体能、情感、意志等方面的考验，怎样让高二学生掌握精力管理的理念、方法并在实践中有效管理自己的精力，对提升备考效率具有非常重要的作用。

2. 难点：将精力管理的方法科学地运用到紧张的备考中，实现知行合一。

活动方法

讲授法、案例分享法、正念冥想活动法。

活动过程

一、团体热身阶段：心语涂鸦

教师以"小A的烦恼"案例导入：小A同学向心理老师诉说她近期每天熬夜学习，睡眠不足五个小时，但学习效率很低。现在经常感觉特别焦虑、无法专注、头昏脑涨及特别疲惫等，觉得快要坚持不下去了。教师指导学生根据"小A的烦恼"案例开展"心语涂鸦"活动，让学生根据自己头脑中的设想，在纸上简要画出小A的人物形象，并用几个关键词写出小A的内在感受和想法。

教师：画好了吗？现在投影几幅同学们的作品，这些画像反映出小A的学习状态，你是否感同身受呢？是否觉得我们有一部分与小A很相似？在巨大的学习压力下，我们都可能是另外一个版本的小A。

图7-1　学生创作的小A画像

（**设计意图**：通过创作小A画像，运用墙上角色手法，引导学生察觉、同理、投射及联结目前自己的学习状态）

二、团体转换阶段：分析"小 A 的烦恼"的根源，了解精力管理理论

教师引导学生分析"小 A 的烦恼"是由于长期熬夜学习消耗了大量精力却没有及时得到恢复，导致他（她）出现了疲惫不堪、焦虑不安、频繁分心等烦恼。从而引出心理学家吉姆·洛尔的精力管理金字塔模型理论：所谓精力就是做事情的能力（能量），精力充沛将意味着反应灵敏、注意力集中、学习效率高；精力管理的金字塔模型从下而上包括体能、情感、思维、意志四个方面。四种精力相互独立而又相互关联。精力储备会消耗，需要周期性地补充才能取得平衡，管理好四种精力源是高效学习的基础。通过此环节转变学生认知观念，了解提高备考效率不能只依靠时间管理，更要重视精力管理。

（**设计意图**：了解精力管理理论，由小 A 的烦恼和调查数据引发学生思考，转变认知观念。）

三、团体工作阶段：完成从"小 A"到"自我"的心理迁移，知行合一，自觉进行精力管理

教师：下面根据精力管理的理论，给小 A 支出四个妙招，帮助他（她）改善学习状态，提高学习效率。

妙招一：及时充电，提升体能精力。

教师：充沛的体能是提升学习效能的重要保证，现在请同学们根据近一周的情况，给自己体能打个分，如果体能满分是 10 分的话，你能给自己打多少分？（约有 70%的学生举手表示自评体能低于 6 分）如果自评分低于 6 分，就表示需要给体能充电了。体能可以通过饮食、睡眠、运动来补充和提升。同学们要多吃富含维生素的蔬菜水果及高质量蛋白质，吃出好精力。同时也要重视高质量睡眠，《睡眠革命》一书中指出睡眠是恢复体力和专注力的重要一环。

体能精力是基石，直接影响我们备考期间情绪状态、专注力、创新思考及投入学习的能力。而"疲惫不堪"会直接降低学习效率，所以要及时察觉自己体能状态，重视放松和休息，及时给体能充电。使自己每天能量满满地投入学习。

（**设计意图**：体能精力方面，让学生重视放松和休息，改变熬夜学习搞疲劳战术的行为。）

妙招二：接纳转化焦虑，提升情感精力。

教师：小 A 面对备考高考感觉焦虑是正常的。但如果长期陷入"过度焦虑"就会消耗体能和情感精力。

教师引导学生接纳焦虑并掌握将焦虑转化为积极行动的方法即"红绿灯焦虑转换法"。具体操作如下：

首先写下感到焦虑的一个念头，例如，我担心学习状态不好，考不上理想的大学。然后分三步转化焦虑：第一步亮起红灯，停下来，接纳它。例如，我担心学习状态不好，考不上理想的大学，这种想法是正常的。第二步，亮起黄灯，等一等，分析它。先让学生描述期待，例如，"我希望自己精力充沛、上课能集中注意力"等。接着给现状打分，如果以上理想的学习状态满分是 10 分的话，你的现状是多少分？这一步分析让学生知道现状与期待之间的差距以及应该怎样去努力，启发学生思考，如果要让自己学习的状态增加 1 分可以做的最小改变是什么，并列出改变计划表。第三步，亮起绿灯，动起来，改变它。去做那个最小的改变！每当自己的学习状态增加 1 分，就再去设置另一个最小的改变，直到达到理想状态。本环节运用了承诺接纳疗法中的接纳焦虑并明确焦虑价值，承诺转化行动等技术，让学生学会用"红绿灯焦虑转换法"将焦虑转化为正向行动。方法核心是增强掌控感。

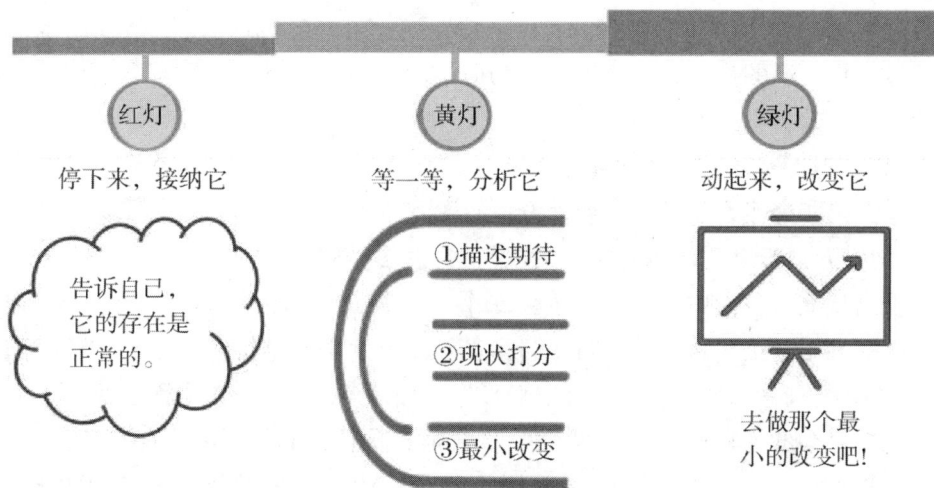

红灯 停下来，接纳它
告诉自己，它的存在是正常的。

黄灯 等一等，分析它
①描述期待
②现状打分
③最小改变

绿灯 动起来，改变它
去做那个最小的改变吧！

图 7-2 红绿灯焦虑转换法

（**设计意图：**情感精力方面，让学生察觉并正常化焦虑，认识过度焦虑会消耗大量精力，学会通过"红绿灯焦虑转换法"处理焦虑，转化焦虑为正向行动。本环节运用了承诺接纳疗法中的接纳焦虑、明确焦虑价值、承诺转化行动等技术。）

妙招三：及时察觉"分心旋涡"，提升思维精力。

教师：小 A 和很多高二学生一样，在繁重的学习和考试压力下头脑中有时会出现各种各样的消极念头。比如"数学又没考好，总考不好怎么办啊"等，如果这些念头不停地在头脑中闪回就会形成"分心旋涡"消耗有限的专注力资源，降低学习效率。此环节教师通过正念冥想活动训练，让学生及时察觉并处理"分心旋涡"，提高思维精力，具体方法可参见相关察觉分心冥想活动视频①。

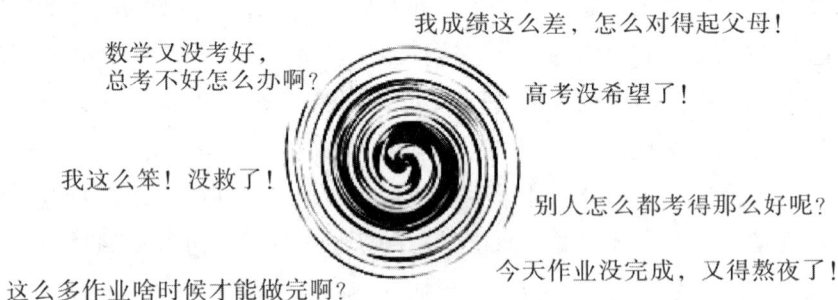

我成绩这么差，怎么对得起父母！

数学又没考好，总考不好怎么办啊？

高考没希望了！

我这么笨！没救了！

别人怎么都考得那么好呢？

今天作业没完成，又得熬夜了！

这么多作业啥时候才能做完啊？

图 7 - 3　分心旋涡

请同学们思考：陷入了分心旋涡的时候，应该怎么处理呢？下面请观看运用正念冥想活动处理分心提升专注力视频①。

对于分心，我们可以保持一种温和的觉察和接纳，不去否定它，不去强迫它，试着把各种想法和思绪想象成一根根羽毛，轻轻地放在一个精致的水晶瓶里，然后将自己的注意力专注当下，为所当为，平时可以试着用正念冥想的方法坚持练习提升自己的专注力。

（**设计意图：**思维精力方面，察觉接纳压力状态下影响专注力的各种分心念头，学会用正念冥想活动处理频繁分心现象，提升专注力。）

妙招四：巧用"跨越时空对话"，提升意志精力。

在高二复习备考中，很多学生会像小 A 一样在学习上遇到"高原现象"，感觉成绩提升不上去，从而信心备受打击甚至感觉无法再坚持下去了。本环节教师通过让学生体验及练习"跨越时空对话"冥想活动的方法提升意志精力。具体做法是在轻柔的音乐背景下，学生跟随教师指导语进行"跨越时空对话"冥想练习，教师通过指导语让学生在冥想状态中邀请"未来的我"和"现在的我"展开对话，并将那些对话在脑海中逐一收藏好。具体方法见"冥想活动：与未来的自己对话"②。

---

① 察觉分心冥想活动视频. https://www.bilibili.com/video/BV1cE411A7NB.

② 冥想活动：与未来的自己对话. https://v.qq.com/x/page/z3219ttd5xv.html.

同学们，刚才练习冥想活动时你头脑中出现了什么样的画面？这些画面带给你什么样的感觉？请小组讨论，并用关键的词语写下来。（学生感想：头脑中出现春天画面、似乎看见未来的自己微笑着走来、感觉被接纳、很温暖、心情沉静、注入力量等）当我们觉得陷入困境时，试着与未来的自己进行对话，激发自己的意志精力，鼓励自己坚持下去。

（**设计意图：**在学习中遇到暂时无法突破的困境和瓶颈，激发学生调动自我内在意志精力，学会用跨越时空自我对话冥想活动方法自我鼓励。）

四、团体结束阶段：分组讨论所思所感，总结提升

教师引导学生分组讨论本次辅导活动所思所感，引导各小组学生从体能精力、情感精力、思维精力、意志精力四个方面总结提升学习精力四妙招。

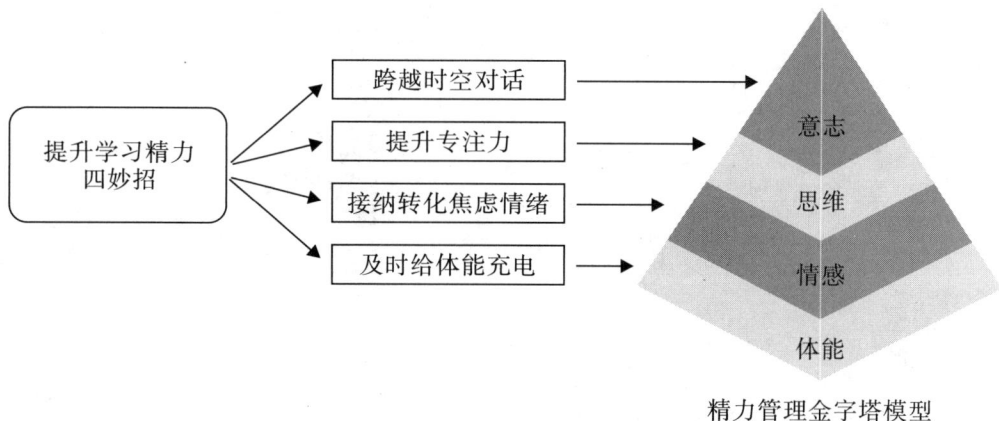

图 7-4　提升学习精力四妙招

活动反思

目前在高中生群体中进行精力管理为主题的团辅活动比较少见。本次团辅活动以案例形式、以点带面引发学生对体能、情感、思维、意志精力管理的察觉与思考，辅导后学生的认知观念开始有所转变，重新审视当下自己的学习状态。开始反思备考过程中只拼时间不重视学习效率现象，逐步关注和重视精力管理。

综上，学生精力管理对提升学习备考效率很重要，也是学校教育必须重视的一个现实问题。学生精力是一种宝贵的资源，学校要有目的、有计划地培养学生管理精力和高效利用精力的能力。

第四节　时间管理四部曲
—— 我能有效管理时间[①]

活动理念

《中小学心理健康教育指导纲要》（2012）提出，中学心理健康教育的总目标是"充分开发他们的心理潜能，促进学生身心和谐可持续发展，为他们健康成长和幸福生活奠定基础"。高中生学业负担重，加上自控力不足，容易受到手机等外界干扰影响，因此，很多高中生都有时间不够用的困扰。掌握时间管理的策略能够帮助学生提升自我管理的能力，养成良好的学习习惯，从而提升学习效率，促进学生健康成长。

本课通过典型案例分析，揭示时间管理的真相，针对学生在时间管理上的常见问题，提出了时间管理四部曲，帮助学生提升时间管理的效率。

活动对象

高中学生。

微课扫一扫

活动准备

PPT、视频。

活动目标

1. 认知目标：了解时间管理的真相及时间管理的方法。

2. 情感目标：了解时间管理的重要性，通过时间管理提升学习效率，获得成就感和满足感。

3. 行为目标：学会时间管理的方法，制订自己的时间计划表并运用于日常学习中。

[①]　此课程由广州市玉岩中学付隐文设计。

活动重难点

1. 重点：学会时间管理的四部曲。
2. 难点：能将时间管理的方法运用于日常学习生活中。

活动过程

一、团体热身阶段：低效学习的真相

视频导入：《小玉的"周末学习的一天"》。

思考：为什么在家学习那么难？你是否有类似的情况？低效学习的真相是什么？

教师小结：低效的时间管理。

（**设计意图**：通过小玉在家学习的真实案例，引发学生思考在学习中是否也存在低效时间管理的问题，从而引出本课主题。）

二、团体转换阶段：低效时间管理的真相

在课前的调查中显示，有37.7%的同学都遇到了时间管理的困扰。低效时间管理的真相是什么？其实，时间管理的本质并不是管理好时间，而是管理好自己，是自控——控制自己在正确的时间做该做的事；也是自律——克制自己不要在不正确的时间做不该做的事。低效时间管理的真相是自控力不足。

那么，我们该怎么做呢？下面我们来了解一下有效的时间管理四部曲！

（**设计意图**：通过数据，说明时间管理的困扰在中学生中非常普遍，并指出时间管理的真相。）

三、团体工作阶段：时间管理四部曲

（一）与自我对话

著名心理学教授凯利·麦格尼格尔在《自控力》中提到：人的大脑有两个自我：一个自我任意妄为，及时行乐，追求本能；另一个自我则克服冲动、深谋远虑，想成为更好的自己。两种自我在你的大脑里不断对抗，谁占了上风就决定

了你的行为。因此要管理好时间，你需要先唤醒那个明智的自己，提高你的自控力。

那么，如何提高自控力呢？大脑中的前额皮质主管着自控力，它分管了"我要做""我不要"和"我想要"三种力量。

"我要做"能帮你处理枯燥、困难或充满压力的工作。当你想打游戏时，"我要做"的力量会让你继续坐在桌前。

"我不要"能克制你的一时冲动。比如你想刷朋友圈时，"我不要"的力量会让你放下手机。

"我想要"会记录你的目标和欲望。当它的力量越强大时，你采取行动和拒绝诱惑的能力就越强。当你的大脑一片混乱时，它会记住你真正想要的是什么。因此，时间管理的第一步是与自我对话，找到"我要做""我不要""我想要"的力量，当你开始觉察到这三种力量时，自控力就开始起作用了。

下面，请同学们尝试着闭上眼睛，与自我进行对话，并填写下面的作业单。

拓展活动：与自我对话。

1. 我想要：＿＿＿＿＿＿＿＿＿＿＿＿＿＿＿＿＿＿＿＿＿＿

2. 我要做：＿＿＿＿＿＿＿＿＿＿＿＿＿＿＿＿＿＿＿＿＿＿

3. 我不要：＿＿＿＿＿＿＿＿＿＿＿＿＿＿＿＿＿＿＿＿＿＿

当你对"我想要""我要做"和"我不要"有了清晰的答案时，我们就可以进行时间管理的第二步。

（二）优先级排序

1. 观看视频并思考：你照顾好"高尔夫球"了吗？

教师：善用时间的关键在于照顾好你的"高尔夫球"，专注于那些对你来说重要的事，比如加强薄弱学科的复习。而那些沙子，比如"关注朋友圈的动态"等不重要的事要推迟再做或者不做。

2. 优先级排序。

按照重要性对事情进行优先级排序，写下今日的待完成事项。建议大家列出的待完成事项不超过5件，若超出5件，就先写下最重要的5件，其他的事等这5件完成后再补列。

时间管理中常见的误区之一是人们常常无法完成排在第一位的事。因为那件事往往是最困难的任务，我们会因为害怕面对困难而退缩，即使心里知道它重要，却总是会一再拖延！

3．把最重要的事放在你精力最好的时间立即完成。

立即行动胜过千言万语，在你精力充沛时安排最重要的学习任务。当我们按照重要性对待完成事项进行优先级排序后，真正开始学习时，很多同学又会遇到新挑战——无法专心。这该怎么办呢？

（三）保持专注

周末在家时，由于缺少教师的监督和同学一起学习的氛围，同学们容易受到各种干扰，无法专心学习。要保持专注请记住以下三点：

1．排除外界干扰。

首先，在学习前清理你的书桌，不要放太多的杂物。其次，请狠心将手机设置为飞行模式！以免你被它时不时弹出的消息所吸引。最后，请与家人做好约定，在学习时不要打扰你。

2．清除杂念，用好记事本。

除了外部干扰，更容易干扰我们的是各种杂念。比如，写作业时突然想到"糟了，班费忘记交了"，如果不马上去做的话，就会觉得心神不宁。这是为什么呢？

这是蔡加尼克效应的影响，是指人们天生有一种办事有始有终的驱动力，人们之所以会忘记已完成的工作，是因为欲完成的动机已经得到满足；如果工作尚未完成，这一动机便使他对此留下深刻印象。

因此，我们可以准备一个记事本放在身边，当突然想到什么事时，先记录下来，等完成手头的任务后，再找时间去完成它。

3．运用倒计时工具。

科学研究表明，注意力是一种有限资源，每个人的注意力持续时间都不一样，一般来说，普通人是 30～40 分钟。当学习时间超过注意力持续时间，人就会觉得烦躁疲惫，容易分神。

因此，我们应先观察一下自己注意力集中的持续时间，然后根据自己的注意力持续时间来科学安排学习任务，并运用倒计时的方式来约束自己，中途不能做任何与该任务无关的事，直到闹钟响，进行 5～10 分钟的短暂休息，然后再继续下一轮的倒计时。

这种方法可以让你保持专注，中间的短暂休息能让你的注意力得到恢复，从而使学习更高效。著名的"番茄工作法"就是利用这个原理。

（四）接纳与总结

当身体不适，或遇到突发情况，导致任务没法按计划完成时，大部分的同学会觉得沮丧，责备自己，最后就会放弃时间管理了。

由于对自己期望过高，我们对"错误"和"失败"有本能的恐惧。我们都知道完美是不存在的。因此，不要气馁，行动就是成功的第一步，积极肯定自己，总结每日的经验，及时奖励自己才能更好地坚持！同时，允许自己偶尔的松懈，接纳不完美，并继续努力！

（**设计意图**：通过时间管理四部曲，逐步帮助同学们清除在时间管理中经常会遇到的一些问题，并给出具体的操作方法。）

四、团体结束阶段

（一）小结：回顾时间管理四部曲

第一步：与自我对话，找到"我想要""我要做"和"我不要"。
第二步：写下每日待完成的事项，按照优先级排序。
第三步：通过排除外界干扰、用好记事本和倒计时工具来保持专注。
第四步：学会接纳与总结，允许自己偶尔的松懈，并继续努力。

（二）课后拓展作业

填写"明日计划表"，邀请你的几个好友建立一个在家学习打卡群，通过同伴的监督来增加自己的行动力吧！

（**设计意图**：通过课后的拓展作业，让同学们将课堂所学方法运用到日常学习中，通过实践来掌握时间管理的技巧。）

活动反思

本节课通过视频案例呈现了学生日常生活中的低效学习现状，对学习时常见的时间管理问题进行深入剖析，给出了简洁而有效的时间管理策略。进行时间管理的难点有两个，一是时间管理的动机。很多学生之所以无法有效管理时间，首先是因为他的动机不够，因此，时间管理的第一步就是发现自己的动机，提升内驱力。另外一个难点是日常实践中无法坚持。因此，课后设计了拓展作业，要求学生课后立即去实践，并建议学生建立打卡群来提升行动力，让学生在日常学习中真正掌握时间管理的技巧，很多学生课后反馈这节课对他们来说非常有帮助！

第八章　紫之积极意义课程

第一节　"疫"中寻榜样，汲取心力量
—— 我能寻找积极意义①

活动理念

　　研究指出，当代教育较少关注中小学生的心灵世界，忽视对学生精神情感世界的培养，易导致学生生命意义感较弱，丧失目标和幸福感，出现"空心"症状。在积极心理学六大板块中，"积极意义"是不可或缺的一项，旨在帮助学生树立正确的价值观，建立正确人生意义感和方向感，从而获得更高的生命价值和精神体验。

　　新冠肺炎疫情中涌现出了许多英雄人物——奋战在一线的医护人员、科研人员等，他们用专业和汗水捍卫着人们的生命和安宁。他们是和平时代真正的英雄和榜样，应当成为学生的精神引领者。

　　因此本课旨在引导学生了解抗击疫情中医护人员所做的贡献，体会他们身上的抗疫精神、责任和担当，树立正确的价值观，自发向榜样看齐，并能对未来有一定的思考与规划，确立有价值、有意义的理想目标。

活动对象

　　小学四年级学生。

微课扫一扫

---

① 此课程由广州市黄埔区凤凰湖小学陈嘉慧设计。

活动准备

　　幻灯片、视频片段、学案纸。

活动目标

　　1. 认知目标：了解抗击疫情中医护人员所做的贡献，感受抗疫精神中的责任和担当。

　　2. 情感目标：向抗疫英雄们看齐，感受建立积极目标的自豪感。

　　3. 行为目标：通过活动能对未来有一定思考与规划，将理想自我与榜样人物联结，找到积极意义。

活动重难点

　　1. 重点：了解抗击疫情中医护人员所做的贡献，感受抗疫精神中的责任和担当。

　　2. 难点：通过活动能对未来有一定思考与规划，将理想自我与榜样人物联结，找到积极意义。

活动过程

一、团体热身阶段：高能量姿势

　　教师：同学们，我们先来玩一个热身活动，叫做"高能量姿势"。请根据数字的不同做出相对应的动作，数字 1 是平展双手，数字 2 是手臂向上举，数字 3 是双手叉腰，老师会说出不同的数字，看看谁的反应最快，动作做得也准确。

　　好，同学们，做完之后，感觉心情如何呢？有没有感觉到身体热了起来，心情也好了许多呢？让我们进入今天的心理主题学习——"疫"中寻榜样，汲取心力量。

　　（**设计意图：**通过热身活动吸引学生注意力，活跃气氛，拉近与学生的心理距离，更好地进入主题学习。）

二、团体转换阶段：榜样在心中

教师：新冠肺炎疫情的强势来袭，使人们闻"毒"色变，而在这场没有硝烟的战争中，有这么一群人逆行而上，让我们来看一段视频。

1. 教师播放视频《没有生而英勇，只是选择无畏》。

2. 请同学们思考与分享：看完视频，你想到了什么？

教师：是的，在我们想离病毒越来越远时，是这些奋战在一线的医护人员，用他们的专业和汗水捍卫着我们的生命和安宁。他们为此牺牲了很多，争分夺秒地与病毒赛跑，有时为了节约时间，他们忍耐很长时间不去厕所，甚至垫着尿不湿来工作。

3. 请小组展开讨论：从这些最美逆行者们身上，我们学到了什么？

教师：在他们身上，我们看到了责任和担当，是责任，是爱，支撑着他们克服不计其数的苦难。让我们铭记这些可敬的逆行者们，他们是我们学习的好榜样。

（**设计意图**：通过视频让学生直观地了解抗击疫情中医护人员们做出的贡献，感受他们抗疫精神中的责任和担当，引导学生在心中树立起榜样形象，萌发向榜样学习的积极想法。）

三、团体工作阶段：未来自画像

教师：身为小学生的你们在不断成长，在未来的某一天，你们也会到社会上工作，为社会贡献自己的力量。同学们，你们长大以后想做什么工作呀？

想象一下，你们慢慢长大，承担起了社会工作，那未来的你们会是什么样子的呢？请为未来的自己画一幅自画像吧。

（一）冥想训练

教师：在开始之前，我们通过一段冥想练习来思考未来自己的样子，请找到一个舒服的坐姿，放松身体。下面请跟随老师的指引：

现在请你选择一个舒服的坐姿，轻轻地闭上眼睛，放松身体，放慢呼吸的速度。慢慢吸气，再慢慢呼气，现在想象你进入一个洒满柔和白光的隧道里，在你眼前可能会出现一些蓝光、紫光，或是五彩缤纷的光。你慢慢地走出隧道，你的身体在发生变化，身体在拔高，样貌也变成熟了，你来到了未来的世界。这里的一切都充满了新鲜感，你换上了工作服，拿起了文件包，走向了工作场所，一路上花花草草都在对你微笑。你很享受自己的工作，你能感受到你的工作与付出，给人们带来了不一样的帮助、愉悦、温暖和感动。在工作中，你也遇到过困难，但你都能尽力解决，在你心里洋溢着温暖的感觉。现在，你慢慢回到刚刚的隧道里，穿过一团柔和的白光，慢慢回到现实世界，回到教室里，慢慢地睁开你的眼睛。

（二）画下未来的我

刚才同学们都想到什么画面呢？请你把脑海中的画面画出来，并与小组同学分享交流。

教师小结：老师在同学们的自画像里看到了积极与阳光，未来的你们都会走上不同的工作岗位，虽工作内容不同，但只要将"责任与担当"铭记心中，相信你们都会是一个对社会有用的人。

（**设计意图**：通过未来自画像活动，助力学生将榜样人物与理想自我联结，感知心里的想法：我希望我未来是什么样子的。引导学生对未来生活有一定的思考，为目标赋予积极的意义。）

四、团体结束阶段：助力梦飞扬

教师：梦想在心中，时刻要行动。同学们，想要成为我们心目中未来的样子，当下我们该做哪些努力呢？

是的，同学们说得没有错，除了仰望星空，更要脚踏实地，做计划来实现目标，坚持不懈、持之以恒。老师这边还有一些小技巧推荐给大家。一是坚定信念，相信奋斗的力量，不轻易放弃；二是积极正向，遇到困难时客观分析、思考，不轻易否定自己，保持乐观的心态。这两个法宝送给同学们，希望能为你们的梦想助力！汲取榜样力量，朝着目标前行，愿同学们都能梦想飞扬！

（**设计意图**：分享追逐目标的方法，让学生保持着向榜样看齐的动力，落实于规划与行动上，助力梦想实现。）

活动反思

本课先通过"高能量姿势"热身活动，吸引学生注意力，打造开放的课堂气氛。接着引入抗疫视频，让学生生动直观地感受抗疫英雄们的英勇无畏与担当，在学生心中播撒下向榜样学习的种子。然后进行"未来自画像"活动，借助冥想练习将榜样人物与理想自我联结，在心中勾勒出未来的我的形象，能初步在内心规划未来，寻找积极意义。最后结合集体智慧来探讨实现目标的方法，促进行动落实。整体设计逻辑性强，逐层递进、条理清晰，令人印象深刻。在进行"榜样在心中"环节时，同学们被抗疫英雄们的英勇和无私感动，因此在"未来自画像"环节上，有部分同学表示想当医生救死扶伤，当科学家来研制药品消灭病毒，有部分同学会往服装设计师、汽车设计师等方面去想，职业无高低之分，教师应鼓励学生的想法，重点要引导关注学习抗疫英雄的责任与担当，并且能将其化为当下前进的动力，探索生命的积极意义。

第二节　绘制我的生命故事线
——我能激发生命潜能①

活动理念

　　心理学家霍尔认为，青春期是一段特殊而又关键的动荡时期，青少年的生理和心理在这个时期会发生急剧变化。初二学生面临更多困惑与挑战，同时更容易缺乏支撑其生命意义感和存在感的价值观。在这种情况下，即使学习和生活中出现正常普遍的负性事件，也可能演变成诱发其出现严重心理危机的生活事件。

　　叙事疗法引导个体将关注点放在更多支线故事上，看到某些生命阶段遇到的问题不是人生唯一、全部的故事。支线故事通过叙述创造，进入意识层次之后便会形成生命意义和重要信念的架构，甚至可能成为主要的生命故事。因此，需要通过一些方法帮助学生发现自己丰富的生命故事，从而树立自信心，调整好心态，为自己积极赋能。

活动对象

　　初二学生。

微课扫一扫

①　此课程由广州市黄埔区会元学校崔苑慧设计。

活动准备

教学 PPT、生命故事线教案纸、彩笔、黑色签字笔、《回忆积木小屋》的视频片段、白色大卡纸。

活动目标

1. 认知目标：学生认识到生命是由无数的故事线组成的，故事的高潮和低谷在自己生命中都有其存在的意义。

2. 情感目标：学生感受自己生命故事线交织的丰富多彩性，感受每一条故事线的丰厚性，培养学生对自己生命的自我认同感，为自己积极赋能。

3. 行为目标：学生能够看到自己生命中更多的故事线，初步掌握寻找自己人生更多可能性、发现自己生命意义感和价值感的方法。

活动重难点

1. 重点：体会生命是由无数故事线组成的，故事的高潮和低谷都有其存在的意义。

2. 难点：培养学生对自己生命的自我认同感，为自己积极赋能。

活动过程

一、团体热身阶段：感受他人的生命故事

教师：请同学们观看《回忆积木小屋》视频片段，边看边思考：老爷爷在潜水过程中发现了什么故事？

看完视频后，请同学们讨论这些故事会给老爷爷带来什么样的感受和心情？

是的，老爷爷从过去的记忆中，发现自己生命中其实存在着很多故事，这些都会给老爷爷带来各种各样的感受。

（**设计意图**：通过动画情节，引导学生思考主人公生命中的故事，了解生命是由很多故事组成的，这些故事会给人带来不同的感受和影响，从而带入探讨生命故事的课堂氛围。）

二、团体转换阶段：思考我的生命故事

教师：今天这堂课，让老师和同学们一起运用一些方法，去寻找自己生命中拥有的故事，绘制我们丰富的故事线，发现它们给自己带来的感受吧！

教师播放其他同学绘制故事线过程的视频。

请同学们思考：我的生命中都发生过什么故事呢？

（**设计意图**：通过观看其他同学绘制故事线的过程，学生直观地了解绘制故事线的方式，并且感受故事线在生命中的延展，引导学生探索发现自己的生命故事。）

三、团体工作阶段：绘制我的生命故事线

（一）构造我的生命故事线

教师：接下来请同学们尝试挖掘出自己想要描绘的生命故事线。

1. 教师介绍绘制步骤：

（1）尽可能多地挖掘出想要描绘的故事线。（3~5条）

（2）根据自己的感受，标出每一条故事线在不同年龄段带给自己的感受程度，然后将这些点连在一起成为故事线。

（3）根据自己的理解命名这些故事线。（赋予意义）

（4）思考教案纸上的问题：故事线的正向感受，能够给你带来什么馈赠？（学习、人际、生活、自我成长等）

同学们现在回想起这些负向感受，你能赋予它们在你的生命中什么样的意义？

2. 学生绘制自己的生命故事线。

（**设计意图**：通过绘制生命故事线发现自己生命中的故事，尝试挖掘更多那些故事线里面存在的感受。找到正向感受带给自己的力量，赋予负向感受在自己生命中的意义。）

（二）解析生命故事线

1. 请同学们以小组为单位，讨论你们发现了什么？（总结形成三个关键词，并列在白色大卡纸上）

请思考：从整体上来看，同学们的故事线是怎么样的？（趋势、形状、相同与不同之处等）

2. 请每个小组各派一名代表，用一分钟时间向其他同学说说你们的发现。

总结发现：

（1）每位同学的故事线独特且丰富多彩。

（2）生命故事线有起有伏。

（3）生命故事线之间会相互交错编织成网。

教师：我们能够发现生命中的故事线是丰富多彩的，每一条生命故事线都不是一帆风顺，而是跌宕起伏的，生命故事线相互交错构筑成我们的生命。

（**设计意图**：通过学生小组讨论，探索生命故事线的特点。通过关键词的归纳总结，加深对故事线特点的记忆。）

（三）渲染生命故事线

教师：在小组讨论环节我们探讨了生命故事线的特点，那每位同学各自的故事线又是怎样的呢？

1. 请同学两两为一组，和身边的同学去分享自己特别想要分享的一条故事线，并谈谈你的感受及发现。

请思考：

（1）分享自己画了什么故事线以及是如何命名的？

（2）分享其中一条你特别想分享的故事线，并说说它的馈赠和意义。

（3）线与线之间有什么关联或者联系？

2. 邀请部分同学分享展示自己的故事线。

（**设计意图**：学生通过扩写一条故事线，将线与线联系在一起，发现自己生命中的每一条故事线都是很丰厚且具有意义的，进而接纳故事线中不同的感受。）

四、团体结束阶段：拥抱生命故事线

（一）经验落地

教师：今天我们通过绘制生命故事线的活动，发现了自己的故事线以及故事线的特点，并尝试扩写其中一条故事线，找到故事线在生命中的存在意义。在课堂结束之前，我想为大家介绍中科院博士毕业生黄国平的毕业论文致谢。

1. 介绍黄国平的毕业论文致谢。

2. 课后任务：改写生命故事线。

请同学们思考自己生命故事线中存在过的负向感受事件，如果当时有什么样的改变（自己、他人、环境、资源等的改变），它就能变成带给自己正向感受的事件呢？

（**设计意图**：向学生传达理念，无论正向感受的故事线还是负向感受的故事线，都组成了我们现在的生命，并且尝试通过进一步改写故事线，让学生意识到那些带来负向感受的事件不一定是负性事件，从而不断地与过去的自己和解。）

（二）教师小结

教师：今天我们通过编织故事线网的活动，希望大家能发现自己生命中存在着很多的故事，这些故事带来了很多的馈赠及意义，它们构筑起我们的生命。

最后衷心祝愿同学们在面对人生路途中的荆棘之时，能够找到自己生命中故事的意义及力量，并化为自己的超强动力，勇往直前！

活动反思

本课程采用了叙事疗法的理念，引导学生探讨自己的生命故事，接纳故事带给自己的感受并且体会故事在生命中的意义。

学生能够通过绘制生命故事线活动发现自己生命其实没有那么贫瘠，并且在小组讨论环节能够理解生命的跌宕起伏，通过把一条故事线的轨迹叙述扩写出来，理解生命无论是欣喜还是挫折都能给自己带来意义，接纳那些不如意的地方，看到自己闪光的部分。

关于课程具体实际操作，首先，需要考虑到对时间的把握；其次，部分学生一开始觉得找不到生命故事线，需要教师的提醒，比如说兴趣爱好、身边物品、身边人物等。另外，当学生只发现自己的负向感受，没有找到任何正向感受时，需要对学生进行积极引导。

附录

课堂活动教案纸

心理健康课教案纸——绘制我的生命故事线

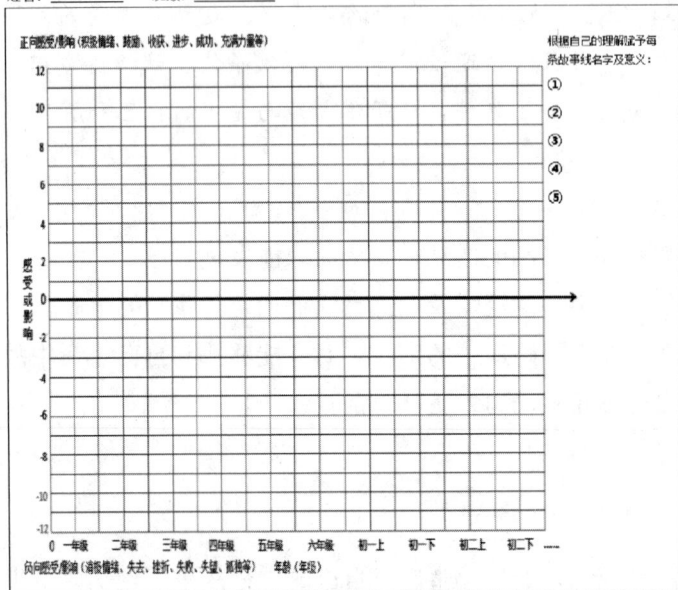

第三节　寻找生命的意义
—— 我能积极自我赋义①

活动理念

　　心理学家弗兰克尔认为，人类天生具备一种寻找生命意义的内在动力。已有的研究表明：生命意义感的缺失会让个体对生活感到迷茫、空虚，容易出现焦虑、抑郁等心理问题，更严重的可能会引发自杀行为。在当前的高中生中，因缺乏生命的意义感而产生的自伤和自杀情况并不少见。他们并非缺乏人生的意义感，而是不知道如何从生活中去发现生命的美好与珍贵，积极赋予生命以意义感。

　　积极心理学家塞利格曼认为，持续的幸福包含五个元素：积极情绪、投入专注、意义和目标、有关心和爱的人以及有成就。通过幸福的 PERMA 模型能够帮

---

① 　此课程由广州市玉岩中学付隐文设计。

助学生发现生命中的美好时刻，从而找到生命的意义感。本节课的设计思路就是通过 PERMA 模型启发学生，让同学们发现生命中的美好时刻，感受生命的意义和价值。

活动对象

高一学生。

微课扫一扫

活动准备

学习单、彩笔、PPT、《心灵奇旅》视频片段。

活动目标

1. 认知目标：启发学生认识寻找生命意义的重要性，了解 PERMA 模型的五个元素，理解生命的宝贵，从而珍惜生命。

2. 情感目标：通过"追寻生命意义"环节引导学生发现生命中的美好时刻，感受到生命的美好与珍贵，从而学会对生命的意义进行积极的自我赋义。

3. 行为目标：学会建立生命意义的途径和方法，在日常生活中探索和寻找自己的生命意义。

活动重难点

1. 重点：启发学生认识到生命中存在的美好感和意义感，以及如何寻找生命的意义。

2. 难点：引导学生将对生命的美好感悟落实到现实生活中，进行积极自我赋义。

活动过程

一、团体热身阶段："生命意义之惑"

小慧学习特别认真努力，每天都在争分夺秒地学习。然而最近她觉得很痛苦和迷茫，无法专心学习。不知道自己现在努力学习有什么用。深夜她常常在思考一个问题：活着的意义究竟是什么？每天从早到晚地学习真的太累了，很多时候都感觉不到自己活着的意义是什么。如果我们终将死去，那么，活着的意义到底是什么？

听完小慧的故事，你如何看待小慧的烦恼？下面，请同学们用身体语言来回答下面问题。

1. 你是否有过和小慧同样的苦恼呢？

2. 你认为生命的意义重要吗？

3. 你现在的生命有意义吗？

"是"——站起来与"答案一致"的同学握手！

"否"——坐着和"答案一致"的同学挥手打招呼！

通过同学们的回答，发现大部分人都认为生命的意义很重要，但是并不是每一个人都觉得自己现在的生命有意义。

心理学家弗兰克尔说："寻求有意义的生活是人类的本能，人们终其一生都在努力发现和寻找生命的意义。"寻找生命的意义是我们在成长过程中非常重要的一个问题，那我们该怎么做才能找到生活的意义呢？

（**设计意图：**通过案例让学生认识到探索生命意义的重要性，引导学生对生命意义进行关注并思考。通过热身游戏来活跃课堂气氛，使学生集中注意力，迅速投入课堂。）

二、团体转换阶段：生命意义在于自己赋予

教师：生命的意义没有标准答案，每个人的理解和感受不同，对于生命意义的看法也各有不同。电影《心灵奇旅》中的两个主角对于生命意义的思考引起了很多人的共鸣，让我们来了解一下。

（一）播放视频片段，引出 PERMA 模型

思考：视频中认为生命的意义是什么？

教师：生命的意义是自己赋予的，是从过去的人生经历中去感悟和发现的，它是你生命中的一道道光，是你觉得自己的生命是有价值的、有意义的美好时刻。在每个人生命中，都有其独特的生命之光，可是我们在忙碌中常会忽略它。

怎样才能找到生命之光，发现生命的意义呢？

（二）幸福人生的 PERMA 模型

积极心理学家之父塞利格曼在《持续的幸福》中，提出了 PERMA 模型，他认为幸福的人生包含了五个元素，分别是积极情绪、投入专注、意义和目标、有关系和爱的人以及有成就。

积极情绪——代表在生活中感受到的各种美好情绪，比如吃美味的食物带来愉悦感，比如电影中吃披萨带来的愉悦感。

投入专注——代表完全沉浸在某项任务或目标中忘我的状态。比如演奏乐器、画画、写作等。

意义和目标——代表在生活中有着明确的目标，为了梦想或目标不断努力的充实感。

有关心和爱的人——代表有良好的人际关系，有爱自己的家人或朋友等。

有成就——代表取得了一些比较满意的成绩或成果，比如完成了某件作品、比赛获奖、取得满意的考试成绩等。

从幸福的五个元素中，每个人都能找到自己生命中出现的美好时刻，那是你觉得自己的生命是有意义有价值的，特别美好的时刻，是属于你的一道道生命之光。

下面，我们一起来回忆，追寻我们的"生命之光"，寻找我们的生命意义。

（**设计意图**：观看视频让学生自然融入情境中，引发美好的回忆，也使得抽象的 PERMA 模型变得具体形象，便于理解。）

三、团体工作阶段：寻找生命意义

（一）追寻我的"生命之光"

1. 回忆并选择在你生命中出现过的某一美好时刻，选取能代表你的"生命之光"的元素，比如某次难忘的旅行经历、与朋友家人的开心小事，拿到理想高中录取书等。教师举例示范。

2. 完成学习单任务一：发布你的朋友圈"生命之光"，通过图画及文字来介绍你的"生命之光"的背后故事。

（二）小组分享并班级分享

1. 小组顺时针传递学习单进行传阅分享，对喜欢的生命之光点赞。

2. 各小组选择点赞最多的"生命之光"进行班内分享。

教师：当你绘制自己的"生命之光"时有什么感受？听到别人分享的"生命之光"有什么感受？你觉得自己的生命有意义吗？

有人说过："生命本身没有意义，是我们将意义赋予了它。"

在我们不断寻找生命意义的过程中，就是在不断地积极赋予我们的生命更多的意义。

从同学们分享的"生命之光"中，我们来归纳一下，寻找生命意义的方法有哪些？

（三）寻找生命意义的方法

1. 建立目标：主动地创造目标，激发自己对生活的热情。

2. 增加联结：主动与同学、家人多交流，与他人建立融洽的关系。

3. 增强对生活的掌控力：制订每日计划，认真完成计划来提升自己对生活的掌握力。

4. 活在当下：放慢脚步，认真生活，细致地感受生活的每个细节，体验更多的积极情绪。

课后，请大家根据学习单制订行动计划，在未来寻找更多的生命意义。

（**设计意图**：通过活动，引导学生发现生命中的美好时刻，感悟生命的美好与珍贵，领悟生命的意义在于自我的积极赋义并归纳生命意义的方法，鼓励学生未来探索更多的生命意义。）

四、团体结束阶段：生命意义之悟

教师：大家猜一猜，小慧有没有找到她的生命意义呢？（播放小慧录音）

我觉得生命的意义是对生活的积极探索，也许现在的我们很难找到生命的意义，但我觉得寻找生命意义的过程就好像长跑，一直积极地跑下去，会慢慢找到答案。我觉得学习的过程也是探索生命意义的过程，它不仅对我们梦想起促进作用，也是我们完善自身的媒介。

原来寻找生命的意义就是对生活的积极探索，随着我们的不断成长，会不断发现更多的生命意义。希望同学们在未来能够积极探索，赋予自己生命更多的意义，发现自己生命中更多的光芒。

（**设计意图：**通过小慧的故事后续，使学生认识到寻找生命的意义就是在不断成长中完善自我，从而升华主题。）

活动反思

本课以案例引入，通过视频和绘画的方式创设情境，让学生体会和感悟生命的美好，归纳总结了寻找生命意义的方法。最后通过小慧对于生命意义的再认识，总结升华本课主题，较好地完成了教学目标。帮助学生发现了自己生命中的美好时刻，学会对生命意义进行积极自我赋义，课堂气氛活跃，师生互动充分，教学效果较好。

第四节　做自己的船长
—— 我能确立职业价值观①

活动理念

职业价值观是指人生目标和人生态度在职业选择方面的具体表现，是一个人对职业的认识和态度，反映人对职业优劣和重要性的内心评定与衡量。价值观决定人生选择，清晰的职业价值观能够帮助个人明确自己工作的需求、增强对职业的接纳度，有利于个人做出选择，并能最终促进人生意义的发展。

新冠肺炎疫情之下，每个中国人都受到影响。本设计利用学生抗击疫情的切身体验，帮助高中生认识职业价值观，体验职业价值观在个人行为中的作用，促进学生与内在的目的、信念相联结，有利于学生在生活中找到属于自己的意义感与目标感。

活动对象

高一学生。

微课扫一扫

① 此课程由广州开发区外国语学校刘秋红设计。

活动准备

纸、笔、音乐、阅读与疫情相关的新闻。

活动目标

1. 认知目标：了解职业价值观的概念和内容。

2. 情感目标：感受职业价值观给个人生命带来的充实、满足与方向感。

3. 行为目标：确立个人职业价值观，将职业价值观的选择落实到目前的行为管理中。

活动重难点

1. 重点：引导学生认识抗击疫情过程中人们的行为与职业价值观的关系。

2. 难点：将职业价值观的选择落实到目前的行为管理中。

活动过程

一、团体热身阶段：我们出海当船长

"出海当船长"冥想活动：

现在我们有机会体验三种不同的职业状态，请大家闭上眼睛，深深地吸气、呼气。阳光和煦，清风徐来，我们想象自己手握舵轮，启航出行。这是属于你的船只。

第一个船长：启程不久，你发现自己没带罗盘。茫茫大海中，你不知道往哪个方向走。请你觉察一下自己的感受、想法。（停顿 10 秒）

第二个船长：你知道你的目的地，这是你的工作，但你不确定这是不是你最想做的事情。请你觉察一下自己的感受、想法。（停顿 10 秒）

第三个船长：你知道你的方向，航海也是你最重要的人生意义和使命。请你觉察一下自己的感受、想法。（停顿 10 秒，睁开双眼）

假如这个冥想活动对应自己未来的职业状态，你觉得哪种职业状态会是自己渴望追求和实现的？

（**设计意图**：引导学生体验有无方向的状态，为后文带着价值观去航海做铺垫。）

二、团体转换阶段：抗击疫情中榜样人物的影响

教师：新冠肺炎疫情暴发以来，我们经历过"居家也是抗疫"的不易，经历了疫情的反复。许多英雄和平凡人做出了感天动地的壮举。我曾经多次感动流泪。我相信你们也有很多的想法和感受，请大家思考一下，疫情发生以来，哪些人给你留下了深刻的印象，他打动你的原因是什么？这对你未来职业选择有什么影响？

（**设计意图**：从自己的抗疫经历出发，带动学生感性体验。）

三、团体工作阶段：确立价值观，带着选择去航海

（一）抗击疫情的榜样人物与价值观

我们来浏览下部分媒体报道的人物。

朱平生（菜农）：不够的，下次我们一定会补上。

陈成（公交车司机）：哪怕只有一名乘客，也要安全送达。

危凤（雷神山医院建设志愿者）：以后可以说为大武汉做过贡献。

徐国斌（物流公司配送员）：货总要有人送，还有那么多人在家等着呢！

周命（清洁工）：城市并没有完全停止运转，还是有人在工作。

艾志云、胡春丽（社区工作人员）：只要居民都能平安，辛苦一点也是值得的。

…………

教师：疫情期间，很多人在自己的工作岗位做好自己的事情。每个人都有自己的阵地，每个人都做好自己该做的事情。

每个人做好自己该做的事情，这是对个人职业价值观的最好诠释和解读。

（二）职业价值观的定义、影响和内容

价值观是指一个人对周围人、事、物的意义和重要性的总评价和态度。职业价值观是指与职业有关的价值观，反映了个人对某种职业优劣和重要性的内心尺度，是人生目标和人生态度在职业选择方面的具体表现。

教师：在自己印象最深刻的抗击疫情人物中提取一些关键词，你会提取哪些词呢？

义无反顾、热爱工作、知识渊博、贡献、责任、堂堂正正、自己的阵地、坚持、勇敢、价值、荣誉、养家糊口、身体力行、敢说敢做……

这些提取的词，实际上就是抗疫人物的职业价值观。

职业生涯规划大师舒伯提出了 15 种职业价值，其中一些在抗击疫情中体现得淋漓尽致。

表 8 - 1　舒伯的 15 种职业价值

类型	工作的意义和目的
利他主义	为大众的幸福和利益尽一份力
美的追求	尽力使这个世界更美好，且自己能得到美好的享受
创造发明	能发明新事物、设计新产品或发展新观念
智性激发	提供独立思考、学习与分析事物规律的机会
独立自主	允许个人以自己的方式、发自内心地做出选择
成就满足	看到努力后的具体成果，并获得精神上的满足
声望地位	提高个人身份或名望，受到他人的推崇和尊重
管理权力	有权力来策划工作、分配工作，且管理下属
工作环境	有比较舒适轻松、自由优越的工作环境
安全稳定	提供安定的生活保障，即使经济不景气也不受影响
同事关系	与志同道合的伙伴一起工作，关系融洽
上司关系	与主管平等，相处融洽，获得赏识
经济报酬	获得优厚的报酬收入
多样变化	能尝试不同的工作内容，多姿多彩有变化
生活方式	能选择自己想要的生活方式，实现自己的理想

从列表中挑选你认为最重要的一条价值观——即使遇到像疫情这种可能危及生命，无法顾及家人的情况，你也不愿意放弃的价值观。

（三）带上价值观，继续去航海

请同学们带上选择好的价值观重新闭上眼睛，继续航海。

思考：

1. 假如我们像第一个船长一样，最终我们会在生命中表现出什么？

2. 假如我们像第二个船长一样，最终我们会在生命中表现出什么？

3. 假如我们像第三个船长一样，我们手中紧握价值观罗盘。海中风暴不停，一再摇晃我们离开既定的方向。但我们牢牢握住舵轮，越过一个个波浪，顶住一次次风雨袭击，甚至抵挡住海妖之歌的诱惑。一步一步，我们知道自己走在追求的方向途中。当你看到紧握舵轮的自己，你有什么感受？当你回望身后的风浪，你有什么感受？当你看向未来，无论去往哪里，你都清晰明白，你有什么感受？

4. 当你走在你最想达到的目标，发现罗盘提醒你继续坚持，那时的你，如果对自己说一句话，那句话可能是什么？

5. 想象我们都有了自己心中的罗盘，并始终用这种态度对待职业生活。如果要给你的生命质量评分，从 0 到 10 分，你会打几分？当你回想起抗击新冠肺炎疫情期间，你曾经深深记得的那些人，你会向他们怎样描述你自己？

（**设计意图**：从抗疫人物的行为出发，总结关键词，引入职业价值观的概念与内容。确立个人职业价值观，再次冥想体验，帮助学生从理性到感性全面体验职业价值观。）

四、团体结束阶段：现在开始行动——成长之路

同学们，如果我们想带着收获落实到现实生活中，从下面的这个成长之路来看，我们可以做的最小一步是什么？

第一步，确定你想达到的目标分值。（0 分没有，满分 10 分）

第二步，看看你现在在哪个位置，并打分。

第三步，假如说现在你是 3 分或者别的分数，在这个基础上要增加 1 分，你觉得增加 1 分之后你的状态是怎么样的？

第四步，你会为这 1 分所做的行为改变有哪些，请你写下来。

0　　　　　　　　所处的位置　　　　　　　　目标

感受带动我们生命流动，行动带动我们梦想实现。今天，我们初尝航海出行，体验到生命信念、目标和梦想，也请大家觉察落实到自己的行动上。如何继续探索找到自己的职业价值观，让我们后续再交流！

（**设计意图**：将职业价值观落实到目前最小一步行为，有利于学生体验和践行。）

活动反思

职业价值观确立过程，最重要是带动学生体验。随后引导学生看到职业价值观是方向，是人生无数次选择的标准，对比缺乏职业价值观的引导，容易陷入迷茫和无助。经此梳理，学生对职业价值观确立的意义会产生感性的体验和理性的认识。

这节课层层递进，要求教师投入极大的个人真情和体验，同时引导学生自由表达，实施起来有一定的难度。

第九章　橙之积极成就课程

第一节　追寻生命的灯塔
——"车日路"模型激发学生生命活力①

活动理念

小学六年级学生即将步入初中生活，面对初中生活的紧张与压力，良好的目标可以激励学生克服困难、坚定意志，体验到生活的乐趣。积极心理学之父塞利格曼把"意义感"作为幸福的五要素之一，而实现目标是意义感的重要来源之一。古典老师提出了"车日路"模型，"车"指的是自己，"日"指的是目标，"路"指的是实现目标的途径。分别对应的是职业发展的核心三要素：自我—目标—路径。本节课根据"车日路"模型，帮助小学六年级学生增进对自己的了解，看到人生道路的丰富性，惊险与刺激、挫折与惊喜并存，在团体动力中获得力量和信心，从而增强学生当下的学习动力与对生命的热爱，增强人生目标感与意义感，激发生命活力。

活动对象

小学六年级学生。

微课扫一扫

活动准备

白纸、彩色笔、PPT。

① 此课程由广州市二中苏元实验学校闫昱如设计。

活动目标

1. 认知目标：客观认识自己，了解自身的能力、优缺点等，知道提升自我的方法。

2. 情感目标：化身船长，通过编写、体验自己和其他同学的航海路线，获得同伴间的支持感及对自己生活的掌控感，从而获得积极情感。

3. 行为目标：对自己的未来进行初步探索，并通过小组同学之间的互相支持，外化问题，寻找资源以应对遇到的现实困难。

活动重难点

1. 重点：激发学生对自己人生之路的探索，通过学生之间的互相探索把问题转化为资源，并将本节课收获的感悟用于日常的学习、生活之中。

2. 难点：激发团体动力，促进学生深入思考人生方向。

活动过程

一、团体热身阶段：创设氛围、吸引兴趣

课前给学生播放《加勒比海盗》钢琴曲，烘托课堂的氛围。以电影《加勒比海盗》作为引入，向学生提问："如果在茫茫大海中想要找到宝藏，你认为需要什么必备的工具或者技能？"

二、团体转换阶段：铺设故事背景

（一）出场人物

1. 老船长：杰克。

2. 新水手：约翰。

（二）梦想船：启航号

约翰是一名意气风发的新水手，立志要成长为一位名扬天下的船长。在这梦想的激励下，他踏上了名曰"启航号"的梦想船，希望向刚刚获得世界十佳船

长荣誉的杰克寻求经验。杰克是"启航号"的船长，他每次带领船员出海都能找到宝藏，无往不胜。

三、团体工作阶段：展开故事

（一）认识自己

故事结构	故事脉络
第一幕：船	约翰："船长，在海面上航行，船身是唯一可以依靠的工具。我们这艘梦想船是一艘什么样的船呀？" 杰克："你问到了点子上！"船长自豪地介绍说："我们的船身采用最先进的工艺制作，坚不可摧。可以在大风大浪的天气下稳定航行，速度最快，且灵活多变。我们的导航系统也十分灵敏，可以在大雾中辨别方向，不至于迷失。" 约翰："同时，我也观察到，我们轮船上所有的水手分工明确、团结协作。任何一个人遇到困难，都能够及时得到队友的帮助。" 杰克："那当然啦，我们是一支训练有素的队伍。除此之外，我们还有一套应急预案，在遇到危险时帮助我们不慌不忙地度过紧急情况。"

教师："想象一下自己坐着一艘在大海上行驶的小船，这会是一艘什么样的小船呢？这艘船的航速、抗风浪能力、性能如何？你会给它起什么名字呢？在这艘船上除了坐着你自己，还有其他人吗？可以从学习（能力、习惯、基础、方法）、性格、爱好、人际关系（同学、老师、父母）、优点、缺点等方面进行思考，创作你的生命之舟。并把你的这艘小船画在纸的最下方。将小船的名字、性能、特点写在旁边。"

（**设计意图**：对应"车日路"模型中的"车"，即了解自己。把潜意识的绘画表达与头脑有意识的思考相结合，引导学生认识自身的能力、特点。）

（二）寻找目标

故事结构	故事脉络
第二幕： 灯塔	约翰："船长，这次出海我们要去哪儿呀？" 杰克："你想去哪儿呢？" 约翰："随便吧，我没有想法。我跟着您走。" 杰克严肃地说："没有任何一个地方叫做随便。"杰克走到甲板上，在右边画下一个灯塔。并说："世界上选择这么多，总会有人告诉你可以去哪儿，应该去哪儿。但只有自己才知道自己最适合的地方、最喜欢的地方，那就是我们寻宝路上追寻的方向。一个发自内心想要达到的目标，就好比大海上的灯塔，在黑暗中，给迷途的人以方向，给疲惫的人以慰藉，给困顿的人以力量与希望。灯塔指引我们前行的方向，让我们每一天的生活都充满希望与动力。" 接下来，杰克看向约翰，并耐心地说："好好问问你自己的心，这次出海你最想去哪儿呢？你想获得些什么呢？"

　　教师："世界这么大，你的生命之舟在海面上行驶，你打算驶向何处呢？请在纸的最顶端画一个岛屿表示你想要到达的目的地。这个岛屿一定是你自己最想去的地方，也可以是你通过学习最想要收获的东西。想一下，这个岛屿的形状、大小如何？岛屿吸引你的地方是什么？上面有什么宝藏呢？你会过着什么样的生活？"

　　（**设计意图**：对应"车日路"模型中的"日"，即寻找目标。根据故事，让学生感受到找寻人生目标的重要性，并从人际关系、身体健康、学习、梦想、未来职业发展等多个方面憧憬未来。）

（三）寻找道路

故事结构	故事脉络
第三幕： 航线	约翰陷入了沉思，然后说："我想去海鸥岛，我从小就向往大海的广阔无边，想看到海鸥在海面上自由飞翔的样子。" 杰克："好，那你查一下现在距离海鸥岛有多少海里呢？" 约翰："还有 90 万海里！"叹了口气说，"太远了，没有人可以到达⋯⋯" 杰克船长露出智慧的笑容说："我们暂且称海鸥岛为梦想岛吧。我们在去往梦想岛的道路上，会遇到很多困难，比如路途遥远，遇到暗礁、暗流，短暂的迷路，狂风大浪等，但一路上也会收获很多意外的惊喜，得到很多帮助。同时，在航行前规划航线、预知挑战，可以帮助我们清晰地看到如何到达梦想岛。你想一想，在你去往梦想岛的航行中，都要经过哪些岛屿呢？这些岛屿中哪些距离你最近，哪些距离你最远？为了缩短航线，我们可以每次出海只去与梦想岛有关的岛屿。"

教师："杰克船长告诉约翰，要提前规划好航线，预知挑战。同学们，作为你的人生之舟的船长，你在去往梦想岛的航行中，都会路过哪些岛屿呢？沿途可能会遇到哪些困难呢？假如说，把你的困难用小怪兽的形式表现出来，你觉得路上你需要战胜哪些小怪兽呢？请在纸上画出通向梦想岛的航线，并在其中标注每一步要达到的目标及可能遇到的怪兽。"

教师："请小组同学互相分享彼此的航海线路图，沿途可能会遇到的困难小怪兽有哪些，用什么武器可以战胜它们，并将武器画在困难小怪兽旁边。"

学生小组展示，总结资源

自己	灯塔	航线
●提高能力 ●坚持 ●用目标激励自己，及时强化 ●寻找动力	●分阶段目标 ●最重要的目标 ●进行更多的探索 ●适合自己	●主动求助 ●向同学、老师、家人、专业人士寻求帮助 ●减少干扰 ●清晰规划

（**设计意图**：对应"车日路"模型中的"路"，即引导学生思考通往目标的方法，发现路途中可能遇到的困难及解决问题的资源，帮助学生获得同伴的支持。）

四、团体结束阶段

其实，杰克船长给约翰传授的寻宝秘籍就是古典老师提出的"车日路"模型。

1．车：代表的是我们自己，我对自己这台车的性能（个性、能力……）是否满意？如何提升个人的综合能力？

2．日：代表太阳或目标，我当下最重要的目标是什么？长期目标是什么？短期目标是什么？

3．路：我对自己通往目标的路径是否清晰？沿途会经过什么？我应如何应对这些困难？

同学们以后在自己的学习路上遇到困难时，不妨想一想自己的"车日路"模型，准确定位自己，追寻自己的灯塔，规划航海路线。

活动反思

本节课将"车日路"模型融入童话故事中，具有较强的趣味性，在故事中引导学生寻找自己的目标，设计自己的人生蓝图，寻找克服困难的方法，并通过组内分享凝聚智慧。

第二节　目标的力量
—— 我能迎难而上①

活动理念

心理学家很早就在教育心理学领域提出成就目标定向理论，提出要关注学生的学业成就追求，帮助他们树立正确的目标，激发学习动力。积极教育理论提出要帮助学生树立正确的价值观，建立人生的意义感和方向感，激发他们持久的内在驱动力。可见目标对于学生的发展具有积极的影响和意义，特别在初三阶段，因为知识难度的增加、学业压力的加重以及中考的临近，部分学生出现成绩退步、无助甚至放弃的现象。这些学生中有的缺乏目标；有的目标单一，不够具体，不知道如何落实；有的在实现目标过程中缺乏克服困难的勇气和信心，没能迎难而上。因此在初三阶段进行目标教育显得尤为重要。

---

① 此课程由广州市黄埔区开元学校卢颖妍设计。

活动对象

初三学生。

微课扫一扫

活动准备

PPT、游戏相关用具、目标卡、目标树。

活动目标

1. 认知目标：明确目标的重要性以及树立合理目标的必要性，知道目标实现过程中会有挫折与困难。

2. 情感目标：感受目标的力量；增强克服困难的勇气和实现目标的信心。

3. 行为目标：合理制定自己的中考目标，知道如何去实现目标，并能以积极的心态以及不畏困难的勇气激励自己前行。

活动重难点

1. 重点：感受目标的力量，合理制定自己的中考目标。

2. 难点：增强克服困难的勇气和实现目标的信心。

活动方法

游戏体验、故事感悟、交流分享、动手实践。

活动过程

教师：同学们，大家好，中考的脚步离我们越来越近了，大家觉得自己近期表现得怎么样呢？今天利用这节班会课，我想和同学们一起来聊聊有关目标的话题。我们先通过一个热身游戏开始今天的班会课。

一、团体热身阶段：拨云雾

教师：我们先选出 5 位同学，开始以下的游戏：

第一次：5 位同学都蒙上眼睛，老师在教室内摆放一个杯子，你们来找出杯子。

第二次：5 位同学都不蒙眼睛，老师在教室内摆放一个杯子（学生能够得着的地方），你们来拿杯子。

第三次：5 位同学都不蒙眼睛，老师在教室内摆放一个杯子（学生够不着的地方），你们来拿杯子。

游戏体验后，请参与游戏的同学来说说感受。

教师小结：如果蒙上眼睛，是看不见杯子的，没有目标与方向，感觉像大海捞针，徒劳无功；一旦睁开了眼睛，你是可以看到杯子在哪里的，相当于你有了清晰的方向，有了合理的目标，就很容易走向成功。

（**设计意图**：通过让学生体验蒙眼找杯子的活动，帮学生拨开云雾，让学生初步体会到有目标的重要性，同时目标的制定要合理。）

二、团体转换阶段：寻日光

（一）行走的故事

教师：接下来我们来听一个有关行走的故事，心理学家组织了三组人，让他们分别向着 10 公里以外的三个村子进发。

第一组的人既不知道村庄的名字，也不知道路程有多远。刚走出两三公里，就开始有人叫苦；走到一半的时候，有人几乎愤怒了，他们抱怨为什么要走这么远，有人甚至坐在路边不愿走了。

第二组的人知道村庄的名字和路程有多远，但路边没有里程碑。走到一半的时候，大多数人想知道已经走了多远，当走到全程的四分之三的时候，大家情绪开始低落，觉得疲惫不堪。

第三组的人不仅知道村子的名字、路程，而且公路旁每公里处都有一块里程碑，人们边走边看里程碑。行进中他们用歌声和笑声来消除疲劳，情绪一直很高涨，很快就到达了目的地。

听完这个故事，同学们有什么感受呢？

第一组的人既不知道村庄名字，也不知道路程，完全没有目标；第二组的人知道村庄名字和路程，但没有路标，目标庞大而笼统，不易分解，容易让人产生可望而不可即的畏难、懈怠心理；第三组的人知道村庄名字和路程，并且有路标，可以依托路标把目标具体细化成一个个"小目标"，增强自我效能感。同学们，你们觉得自己目前是属于哪一种？（让学生举手表态）

教师小结：从同学们的举手情况中可以看出我们大部分同学是属于第一、第二种情况的：没有目标或有目标但不够具体清晰。从故事中我们可以看出当我们有了明确目标，并能把行动与目标不断地加以对照，我们行动的动机就会得到维持和加强，就会自觉地克服一切困难，努力达到目标。

（二）滑冰女孩的故事

教师：接下来我们再来看一个八岁滑冰女孩马子惠的故事。（播放视频）

看完视频后，同学们有什么感受呢？

教师小结：这个视频感动老师的并不是小女孩获得了冠军，而是她在比赛过程中摔倒后没有哭泣，也没有放弃，尽管比他人落后一段距离，她依然选择立马起身继续比赛，全力以赴冲向终点，这种永不言弃的执着，这种对目标的追求，这种不畏困难的勇气，让我非常感动。

同学们，在实现目标的过程中，挫折与困难是不可避免的，最重要的是你要有克服困难的决心与勇气，迎难而上。

（**设计意图**：通过两个事例分享，帮助学生寻目标，让他们深刻体会到目标的强大力量以及树立目标的必要性，同时意识到目标实现过程中有困难与挫折是在所难免的。）

三、团体工作阶段：设灯塔

（一）小组讨论，踊跃发言

教师：其实不仅是视频中的小女孩，我相信同学们在过往的经历中肯定也遇到过困难的事情。下面我们分小组进行讨论：分享你在实现目标过程中印象最深刻的一段经历。（围绕以下问题讨论：当时你的目标是什么？你遇到了什么困难？你是如何克服的？最后结果怎样？）

请每组选出一名代表来分享一下他的经历。

教师小结：在实现目标过程中，难免会有困难和挫折，有同学克服了困难，坚持下去，最后他成功了；也有同学克服不了困难，放弃了，最后他失败了。希望同学们能从过往的经历中总结经验，回归当下，与己共勉。

（二）我的目标卡，我们的目标树

教师：同学们，马上就要中考了，你们有目标吗？为实现你的中考目标，你需要克服的困难是什么呢？你要怎么做才能实现目标？

请大家认真思考以上几个问题，完成目标卡，并把它贴到目标树上。

（目标卡是一张心形的小卡纸，其中包含了我的姓名、我的中考目标、我遇到的困难、我的做法四部分；目标树是一张大树形状的绿色卡纸。）

我们请几位同学出来分享他们的目标卡。

教师小结：从同学们的分享中可以看出，目前影响同学们实现中考目标的主要问题有：惰性、难坚持、心态差、文理偏科等，这些都是我们需要克服的困难。

（**设计意图**：通过分享经历，制定中考目标，让学生找到自己的灯塔，即目标，明确自己与目标之间的差距及存在的问题，让目标与困难显性化，增强克服困难的勇气以及实现目标的信心。）

四、团体结束阶段：深耕耘

教师：同学们，我们制定了目标，也知道目标确定容易坚持难，希望在接下来的学习中你们可以做到：

1. 端正学习态度，认真对待作业与课堂。
2. 克服惰性，持之以恒，永不放弃。
3. 学会释压与积极心理暗示，劳逸结合。
4. 学会借力，善于借助一切能借助的力量。

最后把爱默生的一句话送给大家：心向着自己目标前进的人，整个世界都会给他让路。加油，孩子们。

（**设计意图**：总结与共勉，激发学生实现目标的动力，增强其克服困难的勇气以及实现目标的信心。）

活动反思

本节课通过游戏体验、故事感悟、交流分享、动手实践等环节让学生真切体会目标的力量，每个同学都意识到目标很重要，并且都根据自己的情况制定中考目标，也知道自己与目标之间的差距和需要克服的困难，一定程度上增加了他们克服困难的勇气以及实现目标的信心。本节课整体效果还不错，也较好地达成了教学目标，起到了积极教育的作用，帮助学生建立起人生的意义感和方向感。后续需要开展一节有关"目标的坚持"的主题课作为补充，让学生在实现目标过程中获得更多动力。

第三节 发现挫折里的亮光

—— 我能合理归因[①]

活动理念

　　挫折，是指人们在有目的的活动中，遇到阻碍人们达成目的的障碍。初一学生正处于生理、心理急剧变化的关键期，他们遭遇挫折的压力主要来源于学习情境中，尤其当学习成绩没有达到期望时，会容易出现自我怀疑、自我否定的心态，以及极低的自我价值感，从而引发危害生命的危机事件。

　　归因是指人们对他人或自己行为原因的推论过程。美国心理学家伯纳德·韦纳（Bernard Weiner, 1974）认为，个体对成功和失败的解释会对以后的行为产生重大的影响。例如，把考试失败归因为缺乏能力，同时认为能力是固定不变的话，那么以后的考试就不太可能期望成功。因此需要帮助学生增强遇到挫折后复原的韧性以及继续坚持下去的动力。

活动对象

　　初一学生。

微课扫一扫

活动准备

　　教学 PPT、学案、空旷的教室或者场地。

活动目标

　　1. 认知目标：通过对归因的多角度认知，拥有能力发展观，并形成对挫折的开放性思维。

　　2. 情感目标：通过对成败的合理归因，获得成就感，找回在学习和生活上的活力和坚持的动力。

　　3. 行为目标：通过学习积极归因的方法，增强受挫后的复原能力，从而学会积极地面对挫折。

---

　　① 此课程由广州玉岩天健实验学校彭冲设计。

活动重难点

1. 重点：启发学生用科学合理的视角归因挫折，并学习如何积极地应对挫折。

2. 难点：引导学生将积极归因运用到实际，发现挫折对于生命的积极意义。

活动过程

一、团体热身阶段：挫折初认知

1. 挫折情境。

教师呈现案例：

"刚上初一的小林同学最近情绪很糟糕，他看着刚发下来的期中考试试卷，上面的分数低得有些刺眼，而且离他的期望也差很远。他很烦，也很气馁，他不明白自己为什么会考得这么差？"

2. 引导学生思考：同学们，请你们帮忙想一想导致小林考得差的原因可能会有哪些？

是的，在日常生活中，人们为了有效地控制和适应环境，往往对发生于周围的各种社会行为会有意识或无意识地做出一定的解释，比如刚才同学们对于小林考得差的解释，这些解释就是归因。同时归因也具有典型的个人特点。

（**设计意图**：通过具体的挫折情境，引导学生思考自己是如何对挫折进行归因的，并引出归因的定义和特点。）

二、团体转换阶段：我的归因倾向

教师：同学们了解自己的归因特点吗？不如我们一起来看一看！

1. 对成功的认知。

教师：虽然你们的人生经历较少，但考试经验肯定相当丰富，那在你们经历这么多的大大小小的考试中，肯定至少有一次是你们认为非常不错的，那你们觉得成功的原因是什么？

2. 提出问题：哪些原因会让你们有动力有心情继续投入到学习中呢？

我们发现有的归因让我们对下一次的成功充满希望，同时自己也很乐意继续努力，比如知识掌握得好。但有些归因会让我们觉得再次成功的概率很低，也不愿意继续投入时间和精力，比如运气好或者别人考得太差。

（**设计意图**：通过问题引导学生回忆曾经体验过的成功，启发学生了解和认识自己的归因特点，同时意识到不同归因会产生不同的影响。）

三、团体工作阶段：探索归因的意义

教师：为什么同学们的归因会有如此大的差异？我们用这样的角度去解释生活中的成败又有怎样的意义呢？我们一起探索一下吧！

（一）海岛大冒险

假如你正在进行一项海岛探险活动，在此过程中你将面临各种挑战以及各种选择，只有成功完成挑战者才能拿到出岛的船票哦！你准备好了吗？

1. 从码头出发，一路坐船到了海岛，只见整座小岛被大海包围，岸边礁石形态各异。此时太阳刚刚升起来，明晃晃地照着，你打算用怎样的方式开启探险活动呢？

A. 跟随有丰富经验的导游，这样肯定少出错。

B. 领取岛屿地图，按照地图的指引开始。

C. 随便选取一条道路，反正岛屿上各处都有路标。

（请面朝老师，A站左边，B站中间，C站右边）

2. 边走边看，发现岛屿似乎不大，有很多奇花异草，很是漂亮。继续往前走时，发现前面被一道木栅栏阻拦住了。走近一看，栅栏上有一张通告："前方有不同的挑战区，请先选择挑战区域再前往。"那你会选择什么样的区域呢？

A. 红色区域，难度系数一星，挑战成功率99%。

B. 黄色区域，难度系数三星，有一定的趣味性和挑战性。

C. 蓝色区域，难度系数五星，适合突破极限，挑战自我。

（A往左前跨步，B往正前跨步，C往右前跨步）

3. 走出了挑战区，先休息一会儿，然后继续前行。发现眼前是一条小溪，溪流湍急，深不见底，溪流上没有看见小桥。只能继续寻找出路，最后在一乔木上找到了线索："想要越过小溪，需要先选择通关游戏哦！"那你会选择哪个游戏呢？

王者荣耀　三国杀　谜画之塔　真心话大冒险　奇想齿轮　其他

请告诉我你选择这个游戏的理由是什么？

A. 我经常玩，通关应该会很容易。

B. 我对这个游戏有一点了解，应该比较刺激好玩。

C. 我从来没玩过这个游戏，所以想尝试一下。

（A 往左前跨步，B 往正前跨步，C 往右前跨步）

（二）选择的意义

请同学们思考：

1. 相对于其他同学，你对你自己的位置有什么看法呢？

2. 小组讨论：你们觉得是什么原因影响最后站在靠左边的区域？靠中间或者右边区域的同学又是怎么想的呢？

教师：A 选项代表"简单，以至于不会犯错的任务"；B 选项代表"擅长但又完全不足以展现才智的任务"；C 选项代表"困难、新奇，也许会深感困惑并发生错误，但能学到新的和有用的知识的任务"。

3. 这些能否让你联想到实际学习或生活中的事情呢？请举例说明。

心理学家认为，三类选项背后代表对能力的认知。数据表明，选择 A 或 B 的个体更多拥有"能力实体观"，选 C 的个体则更多是"能力发展观"。在游戏中，"能力观"影响了我们的选择，事实上它是通过影响对成败的归因，进而影响选择和行为的。因此在面对挫折时，如何归因它会很大程度影响我们如何应对它。

能力观→归因成败（挫折）→应对挫折

（设计意图：活动的选项有投射意义，通过选择的对比引导再次认识归因的影响，再与实际相联系激发学生理解归因对实际生活中决策和行为的影响；同时帮助学生了解自己对于能力的潜在认识；有利于启发学生对于挫折的重新归因。）

四、团体结束阶段：寻找前行的力量

教师：归因的影响如此重要，那当我们遭遇挫折、感到沮丧时能否尝试利用归因助力自己更积极地应对它呢？在实际生活中我们又可以怎么做呢？

（一）日常归因训练

	成功	失败
努力	太棒了，你的努力付出终于得到了回报	要不要再多练习一下，多尝试一次
方法	你做得非常好，很明显你已经真正明白该怎样学习了	你能否想出一些学得更好的策略
运气	太妙了，今天真是你的幸运日	也许你只是今天很倒霉
能力	你做到了，真聪明	嗯，也许这是你不擅长的，也许你应该尝试不同的活动

1. 读一读表格中"努力"和"方法"归因式的评价，你有什么感受呢？

2. 试一试用"努力"和"方法"角度的归因来替换之前的归因吧！替换后的感受如何呢？

（二）总结

评价与能力观都会影响个体的归因特点，进而影响感受、期望和行为。再次遇到挫折时，尝试换一种让你更有力量感的自我评价吧！或者你也可以探索其他影响归因的有效因素！

（**设计意图：**通过训练让学生掌握合理归因的方法，从而运用该方法去积极地应对挫折。）

活动反思

在归因成功时，大部分学生归因为外在、不可控等因素，只有个别学生归因于天赋、能力等，可能是因为当众自夸会感觉不好意思。

海岛冒险活动中，当位置随选择越来越不同时，学生讨论很热烈，但有一部分学生趁机聊天。因此该阶段要特别注意掌控现场秩序和节奏，很容易产生因纪律导致的课堂效率问题。

当学生意识到自己的选择以及对选择的解释与"能力观"有联系时，特别受启发，很快就联想到实际中的例子，也很愿意分享。

第四节　我选我人生

—— 我能智慧选择①

活动理念

　　青少年阶段是自我同一性建立的关键时期，在此时也将迅速形成个人的人生观、世界观和价值观。人生选择会指导个人发展的方向。价值观是影响中学生决定行为目标、选择行为方式以及解释行为结果意义的核心因素。价值观的澄清能够在部分程度上解答自我同一性的问题。本设计以价值观为载体，以青春期身份认同和形成过程的 D－N－A－V 模型作为工具，分析青少年选择的价值观、想法、情绪情感和应对方式及其关系，从而帮助青少年更好地获取目标，认识人生选择的影响因素和具体路径。

活动对象

　　高一学生。

微课扫一扫

活动准备

　　人生棋盘游戏纸。

活动目标

　　1. 认知目标：学生认识到影响个人价值观选择有 D、N、A 三大因素。

　　2. 情感目标：体验主动选择和被动选择的不同，感受过去经历和主动选择的情绪情感。

　　3. 行为目标：进一步明确自己的价值选择，有效觉察 D、N、A 三大因素对个人选择的影响。

---

　　① 此课程由广州开发区外国语学校刘秋红设计。

活动重难点

1. 重点：感受过去经历的情绪和想法，增强选择的信心。

2. 难点：认识个人事件中的 D、N、A 因素，觉察 D、N、A 三大因素对选择的影响。

活动方法

游戏体验、自我觉察。

活动过程

一、团体热身阶段：数字人生的运气和偶然

教师：同学们大家好，今天我们要来聊聊人生的选择。听起来，这个话题比较严肃。大家放松些，今天我们人生的话题，会从最简单的自然数开始。

1. 请各位同学填写 6 个数字。可以是 1~9 之间随意的数字，也可以选择相同的数字，比如 133745，666666，将其写在你自己的纸上。

2. 请大家选择人生棋子。

在人生棋盘纸上，从第一个有箭头的地方开始移动。如果第一个数字写的是"3"，就请你向前移动三格，看看你会到达哪里，以及你的人生将发生什么事。完成后，继续移动第二个数字表示的格子数，以此类推做 6 次。现在，请把你得到的六个格子内容，用"○"圈起来。

由此开始 →	悲观	成功	被孤立	受人欢迎	辍学	有学识	厌恶自己
被别人拒绝	克服困难	冲动	有创造力	被记过	努力学习	骄傲	爱别人
幸福	贫困	影响别人	肥宅	出名	被退学	帮助别人	暴躁
无序	有智慧	独身主义	有魅力	犯罪	寻求真理	过度玩手机	冒险
为梦想而战	不与他人交流	当班委	顽固	回归自然的生活	不断失恋	亲密	嫉妒
懒惰	与人建立信任的关系	自私	爱心	欺骗别人	灵性成长	拜金主义	浪漫
坚持	违法	体验不同的事物	讨好	独立	冷漠	有趣的人生	容易放弃
勤俭节约	幽默	小心眼	挑战自我	无意义	自由	自暴自弃	健康

教师：假设数字带来的人生就是我们生活的样子，我们称作数字人生。我很好奇你的数字人生会变得怎样。变得比较富有还是贫穷？是开朗迷人还是内向深沉，是创立了自己的事业还是一事无成？你有没有变成你想成为的人，还是变成了你讨厌的样子呢？

（1）对随机挑选的六个数字带来的人生感到特别满意的同学请举手。

（2）对数字带来的人生感到不满意的同学请举手。

（3）一直没有举手的同学感觉怎么样？是有些不满意，有些满意？

有些同学可能拥有了部分自己中意的生活，但也发现有些东西自己真的不愿意接受，数字人生充满了运气和偶然，那我们想要什么样的人生呢？

（**设计意图**：通过数字人生的小游戏，用运气的方式来激发学生的觉察，领悟到依靠偶然的人生，并不一定是自己想要的，为主动选择人生进行铺垫。）

二、团体转换阶段：主动人生的掌控与满足

接下来游戏调整，不用填数字，直接在棋盘上面选择六个你人生最想要的生

活方式、人际关系或者你想要达到的状态，看中哪个就选哪个，写在横线上面。如果有东西是你想要的，而棋盘上没有的，直接把你想要的写在学习单上，但是，注意不要超过六个。

教师：现在大家选中了自己想要的人生，我们称作主动人生。对自己拥有的人生感到特别满意的同学请举手；对比刚才的数字人生，大家发现满意程度的比例大大提高了。

当拥有这样的状态时，你的生活会发生怎样的变化？和刚才的数字人生有什么不同？

总结：我们更想要自己选择的人生，或者朝着自己想要的人生努力。

（**设计意图**：通过让学生自己选择的方式，引导学生看到自己的价值，对比碰运气和主动选择，引导学生看到主动选择带给自己的影响。）

三、团体工作阶段：D - N - A - V 助你澄清人生选择

教师：当我们发现对主动人生特别满意时，也有同学有些疑惑："我真的能够实现吗？"我们都向往主动人生，但很多人不知不觉中就像数字人生一样过完了这一生。事实上，每个人都有能力选择自己的人生。我们回顾过去自己的经验，就会有不一样的发现。

现在请大家重走人生棋盘，从第一个开始，从"悲观"到"健康"。

1. 大家沿着棋盘一直走，如果你经历过棋子描述的内容，请你在棋子下方画"√"，如果你从来没有体验过，画"×"。

2. 看刚才你写下的六个最重要的人生选择，看看这六个哪些是画"√"的，你经历过的。哪些是画"×"的，你从来没有体验过的。

3. 在画"√"的人生选择中，挑选一个棋子，思考以下几个问题：

（1）这个经历给你带来了什么收获？

（2）在这段经历里，你的脑海里是否出现过质疑和支持的声音？（包括别人的建议和评价）

（3）当时你有哪些感受和反应？

（4）你是如何应对这些声音和话语的？

4. 再邀请你仔细看看六个人生选择中画"×"的棋子，你从来没有经历过，但你渴望拥有它，思考以下几个问题：

（1）当你获得该选择的人生，活成你想要的样子，你的生活有哪些改变呢？

（2）你做出该选择时，你的脑海里是否出现了质疑或支持的声音？（或者这个声音来自你身边重要的他人）

（3）你有哪些感受？

（4）你打算如何应对这些话语？

（**设计意图**：回顾过去经历，确定未来选择，在对 D、N、A 三个要素的确定中，认识这三个要素的具体内容，对自己价值选择的影响，从而觉察自己，认识自己的价值选择。）

四、团体结束阶段：总结提升，人生使命感的重要意义

教师：今天，我们从数字人生到主动人生，再回顾过去，面向未来，相信大家对人生的选择有了更深刻的认识。

选择就像是我们人生的方向一样，让我们有了前进的目标，决定选择的核心因素就是我们的价值观，我们的使命。青少年实现选择的过程中，我们的大脑中会有三个陪伴的朋友，D 是探索者，出现问题时尝试提出解决、应对的方法和行动；N 是观察者，观察到自己的情绪和感受；A 是建议者，不断发出批判或支持的声音，"你应该怎么做"。这是青少年成长过程中特有的 D-N-A-V 模型，每个要素对应我们重走人生棋盘的四个问题。

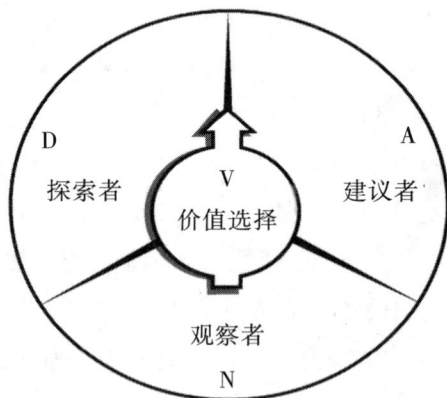

大家回看我们的学习单，就会对 D-N-A-V 模型有更系统的认识。

作家斯提芬·茨威格说："一个人生命中最大的幸运，莫过于在他的人生中途，在他年富力强的时候发现了自己的使命。"

周恩来总理在 12 岁的时候，这样回答老师的提问："为了中华之崛起而读书。"

普通人也有自己的选择和价值，当我们认识到自己选择的影响因素，我们会更好地觉察到我们内心最重视的东西，也会更清晰地看到大脑反应对选择的影响。我们一次次认清修正，就能渐渐接近内心最真实的自己。

（**设计意图**：简要进行理论梳理，形成理论框架印象。总结人生选择和价值的意义以及价值的影响因素、个人选择的作用。）

活动反思

目前关于确立价值观的活动课很多。在协助学生确立价值观的过程中，我逐渐认识到，他们不仅需要确立价值观，也需要认识自己做出选择的过程是怎样的。

本教学设计通过数字人生和主动人生活动，引导学生对比运气和偶然的人生，认识到主动选择才是他们想要的。同时，引导学生认识人生重要选择后，通过过去的经验和对未来的展望，在不断修正的过程中发现自己选择的 D、N、A 三大要素，不仅全面认识自己，也进一步挖掘自身的潜能。

第五节　滋养我的生命树
—— 我会正向获得积极资本①

活动理念

在日常的心理辅导中，面对挫折与挑战，学生往往缺乏能量去积极应对，从而出现一些消极的应对方式，如考试前后学生往往容易出现一定的情绪波动。如何帮助学生尽快调整状态，激发心理能量是本节课设计的出发点。本节课采用叙事的理念，注重活动体验，从生命树觉察、绘制、探索、滋养四个方面，促进学生从已有的经验中挖掘自身潜力、寻找内外资源，获得积极的生命力量，实现心理意象与外部现实、关系与情感的联结。

活动对象

高三学生。

微课扫一扫

① 此课程由广州市第二中学杨海荣设计。

活动准备

教学课件制作、教学图片的绘制和编辑、冥想放松音频的录制、小树苗视频、A4纸和彩笔。

活动目标

1. 认知目标：了解积极心理资本的含义及其对心理的正向积极影响。

2. 情感目标：感受不同事件带来的情绪体验，通过激发积极情绪，增强应对困难、挫折的勇气。

3. 行为目标：通过叙事活动的体验和练习，积极挖掘和寻找有利于自身发展的内外资源。

活动重难点

1. 重点：感知内心深处的力量，挖掘个体拥有的能力与品质。

2. 难点：激发生命活力，把自身拥有的资源迁移到提升面对现实困境的能力上。

活动过程

一、团体热身阶段：觉察我的生命树

选取三扇不同状态的窗户图片，一扇是紧闭状态、一扇是半闭状态、一扇是敞开状态。授课教师引导学生根据自己目前的状态选择一扇窗户。无论打开的是哪一扇窗，呈现的都是相同的一棵树，树冠上面呈现"焦虑""紧迫""自信""期待"等词语，通过趣味互动游戏，让学生了解目前拥有的情绪状态都是正常的。

（**设计意图**：利用心理投射技术，把情绪感受外化，引导学生理解感受没有对错，但有意义，从而进入本课主题：如果我们的生命就如一棵树，如何在今后的学习中，找到滋养我们生命发展的力量与资源。）

二、团体转换阶段：绘制我的生命树

学生领取 A4 纸和彩笔，教师播放指导语音频，引导学生通过音乐冥想放松，在头脑中想象一棵树，并跟随指导语完成以下任务：

1. 在 A4 纸上用你喜欢的颜色画出你刚才想象出来的那棵树的树干。

2. 回忆最近一个月内发生的对你影响较大的 1～3 件事情，在树干的上方画出树枝，每一根树枝代表一件事情，用一个词语概括这件事，并写在树枝上。

3. 在树枝上依次添加树叶或果实，在相对应的树叶上写下这件事情带给你的感受及在相应的果实上写下经历这件事情有哪些收获。

绘制完生命树，教师可以通过相关的案例分享，帮助学生梳理自己的情绪，并思考这些事情给我们带来的影响。

（**设计意图**：随着时间的推进，学生们难免会进入备考的疲惫期，本环节的设置是引导学生通过绘制生命树，觉察自己的情绪背后的需要，为团体工作阶段的深入探索活动提供支撑。）

三、团体工作阶段：探索我的生命树

（一）体验积极心理资本

教师：请同学们仔细看一下刚刚绘制的这棵生命树，然后思考以下两个问题：

1. 在刚才这些事件中，能够给你带来积极体验，感觉到充满力量和希望的事情有哪些？

2. 在什么情况下，你会感到困惑、挫败或者消耗能量？

在高三备考的这段日子里，我们应如何及时地调整状态，充满希望地迎接高考呢？下面，让我们一起来了解积极心理资本这个概念。

（二）积极心理资本的概念

积极心理资本是指人们在成长过程中展现出的积极心理状态，具有可开发性、可提升性。本节课将从乐观、韧性、希望和自信四个维度提升学生的积极心理资本。教师通过介绍积极心理资本的概念，引导学生探索促进个人成长的资源。

（三）积极心理资本的内容

1. 乐观——收集我的能量卡。

教师：在能量卡牌中挑选符合你的能量卡，放进属于自己的能量百宝箱。每个人身上都蕴含着巨大的能量，著名心理学家罗杰斯认为，自我实现将表现为一个人最大限度地实现各种潜能的趋向。因此，同学们可以从发现自身优势和潜能开始，当我们看到所拥有的能量，不仅可以获得乐观的情绪体验，而且还增加了行动的力量，从而建构新的资源，促进个人成长。

2. 韧性——提高我的抗逆力。

教师：抗逆力（AQ）是从逆境、冲突、失败、责任和压力中迅速复原的心理能力。积极心理学家马丁·塞利格曼曾说："了解如何面对逆境，远比如何接受顺境重要得多。"

如最近的中段考，一些同学感到很挫败，老师为同学们介绍一个应对挫折的方法，其过程是：

Listen——聆听你内在对挫折的反应：此时此刻有怎样的感受？

Explore——探索你与逆境的关系：造成挫折的起源可能是什么？

Analyze——分析证据：哪些证据证明我有能力克服困难？

Do——积极行动：我能做什么以应对挫折？

转化思维的两个小技巧：寻找例外与外化技术。

3. 希望——填写我的九宫格。

教师：从序号1的格子开始，例如，目标达成的时间设定为2021年5月25日，行动宣言有时可以起到很好的暗示作用；分析可以达成目标的关键因素，如规律的学习安排等；目前已经拥有的资源可以帮助我们充满信心；除此以外，我们还需要做些什么？如何获得？困难总是难免的，寻找有效的解决方式是关键，当实现目标的时候，可以给自己适当的鼓励。

4. 自信——积累我的心动力。

家庭环境：寻求父母的支持、寻找自己的幸运物。

校园环境：寻找一个让自己安全和放松的地方，成为自己的秘密基地。

社会环境：关注积极的人物故事对我们也是一种心理支持。

家庭环境、校园环境、社会环境共同营造积极的心理环境。

（设计意图：通过对乐观、韧性、希望和自信四个积极心理资本维度的了解，在活动中寻找有助于面对目前困境的成长资源，帮助学生及时地调整复习备考状态，以积极的心态、成长型思维面对当下的挫折和挑战。）

四、团体结束阶段：滋养我的生命树

教师：刚才通过探索活动，我们探索了影响生命树成长的各种内外资源，请同学们利用这些资源来滋养我们的生命树。

1. 请把刚才你在活动中探索到的资源，画在这棵大树的根部或者外周，代表着帮助我们实现这几件事情的力量或资源。

2. 对于今后的学习和生活，哪些资源最有意义？

请同学们带着这些思考，尝试从已有的人生经验中，厘清自我的特质与潜力，探寻到未来发展的内外资源，从而激发生命的内在力量。

（**设计意图：** 积极心理资本是激发学生生命活力的力量，通过帮助学生梳理自身拥有的积极心理资本，并迁移到当下学习中，有助于学生在复习备考中获得希望感和动力的资源，获得面对成绩波动、压力等现实困惑的勇气和信心。）

活动反思

由考试压力引发的情绪波动是高三备考状态中最常见的心理状态，因此，本节课以投射活动引入课程，并通过绘制生命树的方式让情绪外化，引导学生寻找积极心理资源。课程设计符合高三学生的心理需求，结束阶段的思考把课堂内容落实到现实生活中，收到了很好的教学效果。

第十章　青之积极品质课程

第一节　勇敢不逞强，绽生命光芒
—— 我能合理使用勇气①

活动理念

　　积极心理学认为生命的"积极品质"是生命教育价值实现的重要维度，包括24项优秀品质如勇敢、判断力和毅力等。其中，勇敢和判断力对于未成年人来说是非常重要的心理品质，勇敢是指即使心怀恐惧，仍能勇往直前，而判断力指能够周详地考虑事情各个方面，根据真凭实据来下定论。

　　四年级是学生成长的关键期，由于生活条件的优化、家庭的过分呵护，大部分学生表现出社会经验少、判断能力弱的特点，容易将逞强和勇敢混淆。对勇敢有认识上的偏差，在遇到事情时不能周全地考虑事情的方方面面，从而造成行为上的鲁莽，给自己人际关系或生命安全带来一定的麻烦和困扰，因此需要进行正确的引导，使其明白做能力许可范围内的事才是正确的、勇敢的表现。

活动对象

　　小学四年级学生。

微课扫一扫

---

① 此课程由广州市黄埔区凤凰湖小学陈嘉慧设计。

活动准备

幻灯片、视频片段、学案纸。

活动目标

1. 认知目标：能区别逞强与勇敢行为的不同，懂得珍爱生命的意义。
2. 情感目标：感受合理使用勇气带来的自豪感和愉悦感。
3. 行为目标：通过活动学会合理分析、智用勇气的方法。

活动重难点

1. 重点：能区别逞强与勇敢行为的不同，懂得珍爱生命的意义。
2. 难点：通过活动学会合理使用勇气、不盲目逞强的方法。

活动过程

一、团体热身阶段：初品勇气

教师：同学们，我们先进行一个活动——"勇气图谱"。幻灯片上会出示一些图片，如果你觉得这是勇敢的行为，请你鼓掌两次，如果不是，请双手交叉在胸前，做出否定的动作。

在我们的生活中，勇敢的行为随处可见，如警察英勇抓捕犯人维护正义。而有一些人却没有合理地使用勇气，这不仅给自己，也给他人带来了一些麻烦。

（**设计意图**：通过热身活动"勇气图谱"，让学生辨析生活中常见的勇敢事例和一些看起来勇敢但其实蕴含危险的事例，从而引入"勇敢"主题。）

二、团体转换阶段：认识勇气

教师：小狮子王辛巴和娜娜在追逐打闹时，误打误撞离开了狮子国的边界，来到了一处神秘的地方。接下来会发生什么故事呢？让我们一起来观看。

1. 教师播放视频《小狮子》片段。

2. 请同学们思考与分享：

（1）小狮子辛巴做了什么事情，结果如何？

（2）辛巴这样做的原因是什么？

（3）这种行为是勇敢的表现吗？

是的，这不是勇敢的表现。这种为了炫耀自己的本领，低估危险，做出可能会伤害到自己或他人的行为，叫做逞强，而不是勇敢。

（**设计意图**：通过形象生动的视频片段，学生能直观地感受到小狮子的逞强和冲动，从而区分勇敢和逞强的本质区别，理解逞强不等同于勇敢。）

三、团体工作阶段：智用勇气

（一）盲目勇敢不可行

1. 你我共同话逞强。

在你的生活中，有遇到自己或他人逞强冒险的事情吗？（例如，对马蜂窝感到好奇，于是拿杆子把它打下来；为演示骑车技术，在公路上骑车时把双手放开。）

2. 新闻事件来解答。

许多新闻事件也告诉我们，因盲目逞强而危害自己和他人生命的事例数不胜数。如花的生命就此消逝，真的太可惜了。

有时候，我们由于社会经验少，难以辨别哪些是逞强的行为、哪些是勇敢的行为，当遇到这种情况我们可以怎么做呢？请狮子王为我们解答一下吧！

（二）智用勇气我能行

1. 智用勇气三部曲。

教师：在生活中，我们可能对一些未知领域感到好奇，或者遇到了一些难以处理的情况，此时我们可以运用人类的法宝——红绿灯来帮助我们，这个方法叫做"智用勇气三部曲"：

（1）亮起红灯，停一停：评估安全等级——有无危险因素，安全等级是高、中还是低？

（2）亮起黄灯，想一想：分析可行程度——做这件事的目的是什么？自己是否有能力去做这件事情？如果意外发生了，有能力去解决吗？

（3）亮起绿灯，做一做：做出决定行动——接受还是拒绝？下一步该怎么做？

2．小试牛刀炼勇气。

教师：同学们，下面我们结合一个案例来加深了解"智用勇气三部曲"。

案例：天气越来越热了，周末，四年级的小虎和小军、小明相约去海边玩耍。一开始，他们在浅水区玩耍，不亦乐乎。过了一会儿，他们觉得有点儿没劲，看那些大人在深水区域里感受浪花的追逐拍打，也很想体验深水区乘风破浪的感觉！这时小军、小明已经蠢蠢欲动，想拉着小虎一起去，见小虎犹豫不决，便大声嘲笑他："我们都学会一点游泳技巧了，你怕什么？真是个胆小鬼！"

这时小虎该怎么办呢？请使用"智用勇气三部曲"帮助小虎解决这个难题。

（1）亮起红灯，停一停：分析可能出现的危险因素，评估事情的安全等级。如果再往大海深处走，不确定会有多深，倘若是出现暗潮和漩涡，那很有可能出现溺水现象，安全等级是低级。

（2）亮起黄灯，想一想：结合自身能力，分析可行程度。小军和小明很好奇深水区的情况，而且想证明自己的游泳能力，但他们的游泳技术还不是很熟练，危急时刻也很难保证能做到自救或救人，在大家水性都不好的情况下贸然去深水区，可行性很低。

（3）亮起绿灯，做一做：做出决定，付诸行动。决定拒绝小军和小明的邀请，并劝告他们：在沙滩和浅水区玩一会儿就好了，去深水区非常危险，我们可以在沙滩上堆沙堡、打沙仗，要爱护自己的生命。

3．灵活迁移我能行。

教师：如果遇到下面这些情况，你会怎么做呢？请你用"智用勇气三部曲"来试一下。

小伙伴们一起玩，小刚发现了一个马蜂窝，为了显示自己的勇敢，在大家都表示怕马蜂的情况下，小刚找来了一个杆子准备将马蜂窝捅下来。如果你也在现场，你会怎么做？

凯凯刚学会自行车，就给同学们表演骑车不扶把手，还让小希一同尝试这"刺激"的项目。如果你是小希，你会怎么做？

在遇到难处理的问题时，使用"智用勇气三部曲"可以帮助我们周全地思考问题，避免盲目逞强，这是勇敢的体现，更是珍爱生命的体现。

（设计意图：寻找身边逞强的事例，结合新闻的溺水等案件，让学生充分感受逞强带来的危险性，体会珍爱生命的重要；学习"智用勇气三部曲"，结合案例来加深了解，引导学生活学活用。）

四、团体总结阶段：回味勇气

勇气，一直在我们身边。在疫情来袭时，有一群 90 后发挥自己的力量、投入战"疫"中，让我们看到了勇敢和担当。一起观看视频《战"疫"，中国一定赢》。

理智分析，做力所能及的、有价值的事情，这才是真正的勇敢。身为小学生的我们，未来可期，让我们拥抱勇气、拥抱成长，勇敢而不逞强，尽情绽放生命光芒！

请同学们课后把"智用勇气三部曲"介绍给家人，并和家人讨论一下生活中还有哪些勇敢的行为和逞强的行为。

（**设计意图**：观看视频，感受勇敢应该是在理智分析的基础上，做力所能及的、有价值的事情，升华主题。）

活动反思

本课通过"勇气图谱"的活动引入主题"勇敢"，通过观看《狮子王》视频片段，引导学生区分勇敢和逞强行为，并借助集体智慧体会盲目逞强带来的危害，感受珍爱生命的重要性。结合学生真实事例学习"智用勇气三部曲"，借助形象的红绿灯来启发学生在遇到难处理的情况时冷静思考、避免盲目逞强。最后观看视频，感受理智分析、做力所能及的事情才是真正的勇敢。授课内容层层递进，形式新颖，启发性强。

第二节　开发大脑记忆潜能
—— 我能积极主动学习[①]

活动理念

在积极心理品质中，好学是非常重要的一个品质，是学生学业进步、学有所成的基础。记忆在个体心理发展中，有重要作用。人们要发展动作技能，如行走、奔跑和各种劳动技能，就必须保存动作的经验。人们要发展语言和思维，也

---

① 　此课程由广州开发区中学丁一杰设计。

必须保存词和概念。可见没有记忆，就没有经验的积累，也就没有心理的发展。初中学生的记忆特点正处于逐步由机械识记向意义识记转化的过程，有意识记忆逐渐占主导地位，记忆容量日益扩大，由听觉识记向视觉识记转化，短时记忆广度接近成人，在这个时期对学生进行记忆力的训练，效果非常突出。本课通过有趣的开发记忆潜能的练习活动，培养学生好学乐学的积极心理品质。

活动对象

初中生。

微课扫一扫

活动准备

教学 PPT、动画视频。

活动目标

1. 认知目标：通过游戏活动，使学生初步了解记忆的规律，学会开发记忆力潜能的五种方法。

2. 情绪目标：感受记忆的重要性，享受记忆的乐趣。

3. 行为目标：学会如何提高记忆力的五种方法，应用于学习生活中，提高学习能力。

活动重难点

1. 重点：通过游戏、现场训练等活动，使学生了解记忆的规律。

2. 难点：在过程中体会记忆力是可以通过训练提高的，学会提升记忆潜能的五个妙招，提高自己的记忆力。

活动过程

一、团体热身阶段：记忆大比拼

教师：人类自诞生之日起，生存和发展就离不开大脑的一项重要功能，那就是记忆，记忆力对学习来说是很重要的。弗朗西斯·培根说过，一切知识点的学习只不过是记忆的过程。那么这节课就让我们一起来深度了解如何开发大脑记忆潜能。你的记忆水平如何？我们先来玩一个热身小游戏。

（一）记忆大比拼

第一关，5 秒记住一个电话号码。

第二关，10 秒记住 6 个词语。

第三关，20 秒记住泰国首都曼谷的泰语读音。

（二）世界上记忆力最强的人

教师：刚才我们很多同学都感叹第三关太难了，这个世界上有没有记忆力超群的人呢？老师现在就介绍一位记忆力非常厉害的人，他叫多米尼克·奥布莱恩，是八届世界记忆力大赛的冠军，我们一起来通过视频了解他。

（**设计意图**：通过记忆大比拼的小游戏，以适当竞争的环境，激发学生的学习兴趣，尤其第三关的设计难度非常大，使学生对于记忆力超群的人是怎样练成的，有更多的好奇，也坚信记忆力是可以通过训练来提高的。）

二、团体转换阶段：记忆小困扰

（一）教师入戏

教师：在揭秘记忆大师的记忆训练方法之前，老师想要先采访一下同学们，你们在平时的生活学习当中，有些什么关于记忆的小困扰呢？让我们来听听小 A 同学的记忆困扰是什么。再来听听小 B 同学的记忆困扰。

小 A：我平时记得快忘得也快。

小 B：我感兴趣的东西记得牢，背古诗就不行了。

（**设计意图**：通过采访和互动，并在现场播放两段学生关于记忆的困扰的录音，使学生深切感受记忆在学习生活中的重要作用，激发他们想要了解提高记忆的方法的兴趣。）

（二）记忆的两个规律

教师：记忆的两个重要的规律分别是记忆的选择性规律以及记忆遗忘的先快

后慢规律，接下来，我们根据这些记忆的规律，可以采取一些有针对性的训练方法，老师这里就有 5 个小妙招来帮助大家开发记忆潜能。

（**设计意图**：记忆的规律讲授是为下面记忆方法的讲授打基础，每种记忆方法其实都是根据记忆的规律有针对性地提出的。）

三、团体工作阶段：开发记忆潜能 5 个妙招

教师：刚才我们学习了记忆的两个规律，接下来，我们根据这两个规律来学习如何真正提高记忆力的 5 个妙招。

1. 妙招一：联想法。在我们学习的过程中对知识进行某种加工可以使之更有意义更易识记。现场训练联想法在英语学习中的使用，例如，Hesitate 他坐着吃鱿鱼（犹豫）。

2. 妙招二：及时复习法。著名的心理学家艾宾浩斯通过研究发现，人们在学习中的遗忘是有规律的。让我们来一起看看记忆量与时间间隔的关系，在表 10 - 1 中，你会发现刚刚记忆完毕，记忆量是 100%，而到一天之后，如果不抓紧复习，记忆量就只剩 33.7% 了，因此提醒我们在学完当天要及时复习、多次复述、读背结合，可以帮助我们保持记忆。

表 10 - 1 记忆量与时间间隔的关系

时间间隔	记忆量（%）
刚刚记忆完毕	100
20 分钟之后	58.2
1 小时之后	44.2
8~9 个小时后	35.8
1 天后	33.7
2 天后	27.8
6 天后	25.4
一个月后	21.1

3. 妙招三：记忆宫殿法。记忆宫殿又名西国记忆法，这是一个非常古老的记忆方法，传说中带有许多神秘色彩，而事实上，记忆宫殿方法没有那么神秘，现代人把记忆宫殿方法进行改良，去除它的神秘色彩，抓住它最有用的部分，即寻找"地点桩子"，也就是把不熟悉的东西转换成熟悉的东西。现场训练记忆宫殿法在历史学习中常有使用，例如，结合房间摆设记忆解放战争中的三场重要战略决战。

4. 妙招四：思维导图法。这个方法被称为一张图胜过一万字，它可以帮助你理清知识点之间的逻辑关系和层级结构，图文并茂，更加方便你的记忆。具体怎么操作呢？我们来一起总结一下思维导图的六步绘制方法。第一步确定主题位置，通常我们用一个圆圈表示主题；第二步，用彩笔画出分支；第三步，画出更多级的分支；第四步，划分分支时，留意123级粗细不同；第五步，各分支注意颜色的搭配；第六步，写上各级所代表的文字。

5. 妙招五：营养补充。人类的身体在基础代谢中，大脑大约需要19%的能量供给才能正常运转，所以在我们保证营养均衡的前提下，适当多吃如牛奶、鲜鱼、坚果、鸡蛋、菠菜、南瓜等食物，有利于营养大脑，提高记忆力。

（**设计意图**：记忆力的提高不只是停留在认知层面，每种提高记忆力的方法都搭配一定的训练内容，教授实操性强的方法，在课堂上直接展开训练，让学生体会该方法的巧妙，更加有动力在生活学习中有意识地训练自己的记忆力。）

四、团体结束阶段：提醒与小结

（一）温馨提醒

教师：以上妙招要发挥作用，有两个前提条件：第一，学习时是愉快的，而且对提高记忆力有兴趣；第二，坚持不懈地练习使用以上妙招，任何方法，没用因为没用，有用因为有用。

（二）小结

教师：这节课我们学习了有关记忆的内容，了解了记忆的规律和一些很有效的开发记忆力潜能的方法，重点了解开发大脑记忆潜能的五个妙招，包括：奇妙联想加工记忆，及时复习保持记忆，思维导图连接记忆，记忆宫殿以熟带生，营养补充能量满分。在这节课的最后布置大家三道课外延伸小练习，帮助大家更好地巩固学习效果。记忆是大脑的一项功能，可以凭借训练提高记忆力，只要勤于练习，下一个最强大脑就是你！

（**设计意图**：提醒同学们提高记忆力需要勤加练习。布置课后练习是为了帮助学生巩固学习知识，当堂检测学习的效果。）

活动反思

本课的教学内容原本比较学术化，如何把枯燥的记忆知识点、记忆方法趣味化、体验化处理是一个难题。笔者在这节课上设计了许多小游戏、小活动，每一个环节都有体验性、实操性的练习部分，让学生在快乐的体验中学习关于记忆的知识，本身就是强化了记忆的效果。通过课堂的教学，学生们感受到记忆是积累知识的仓库，记忆力是智力的一个组成要素，记忆力对学生的学习起到至关重要的作用，若没有记忆力，学习就会成为一句空话。在意识层面使学生明白良好的记忆力并不是与生俱来的，在行动层面鼓励学生积极在后天实践中锻炼发展记忆力，只要有意识地加以训练，记忆力一定会有所提高。

第三节　"抒写"我的感恩心语
—— 我能常怀感恩心①

活动理念

感恩是一种对外界（他人、社会、自然等）给予自己的恩惠产生认知并伴随积极情绪的复合社会认知过程，即包括感恩意识、感恩情绪和感恩行为的社会认知过程。感恩意识指人对感恩价值、重要性评价以及表达感恩期待的认知过程，即知恩；感恩情绪指伴随感恩认知过程产生的情绪体验，包括情绪强度、频率、广度、密度四个层面，即感恩；感恩行为是人们受到外界恩惠和帮助后，倾向于把感恩意识和感恩情绪反馈给外界的行为转化过程，即报恩。

研究发现，感恩可以帮助构建与他人的关系，产生更多更有意义的交流和积极情绪，从而减少孤独，减少疾病。因此，本节课围绕知恩、感恩和报恩三个动态连续过程进行设计，希望通过学习本课，能让学生知恩、感恩和报恩。

活动对象

初一学生。

微课扫一扫

———————————

① 此课程由广州市黄埔区开元学校黄雪梅设计。

活动准备

感恩心语卡、彩笔、PPT。

活动目标

1. 认知目标：知道感恩的重要性；懂得感恩有益于身心健康。
2. 情感目标：体验感恩情绪；觉察感恩现状；增强培养感恩情绪的动力。
3. 行为目标：学会通过语言、行动等方式表达感恩情绪。

活动重难点

1. 重点：体验感恩情绪；觉察感恩现状；增强培养感恩情绪的动力。
2. 难点：知道感恩的重要性；懂得感恩有益于身心健康。

活动过程

一、团体热身阶段：体会感恩小确幸

教师：同学们好，在告诉大家本课主题前，我想邀请同学们参与看图猜成语游戏。请大家根据我给出的图片，猜一个四字成语。

图 10-1　猜四字成语

●慈乌反哺：乌鸦的一种，相传能反哺其母。
●感激涕零：因感激而流泪。
●一饭千金：重重地报答对自己有恩的人。
●恩重如山：恩情深厚，像山一样深重。

以上四个成语，同学们发现它们有什么共同点吗？是的，都与感恩有关。这就是我们今天的主题——"抒写"我的感恩心语。感恩是一种他人给予自己恩惠，自己回报他人的行为。这种积极的行为不仅存在于人与人之间、人与自然之间，还可能存在于人与生命和人与自己之间。你有过感恩的时刻吗？你是一个常怀感恩之心的人吗？

接下来，就让我们通过体会感恩的小幸福，了解一下我们的感恩状态吧。

请同学们拿出彩笔，仔细回想你的日常生活状态，完成感恩体验栏的填涂。

强度是指你在经历感恩事件中积极情绪的强烈程度，是很激动想马上回报，还是内心平静，仅限于口头感谢。如果是想马上回报并且回报意愿很强烈，则填涂满框格，如果是后者，则可以填涂三分之一。介乎于二者，则适当填涂。

强度 �

频率是指你每天体验感恩的次数。假如连别人跟自己打招呼都觉得感恩，则涂满。感恩次数越多，则可填涂得越满。

频率 ████████████

广度是指让你感恩的事件不一定只来源于人，也可能是来源于环境、健康。感恩的对象越丰富，则可填涂得越满。

广度 ██████████████

密度是指你希望表达感恩的人员。比如当你考试如愿，你可能会想向父母、爷爷奶奶、老师等表达感恩。想感恩的对象越多，则可填涂得越满。

密度 ████████████

（**设计意图**：以看图猜成语的方式吸引学生的注意力，为引出感恩主题做铺垫。通过体会感恩小确幸填涂感恩心语卡，将感恩行为具体化、可视化，觉察自己的感恩状态，为下文认识感恩做铺垫。）

二、团体转换阶段：掀开感恩小面纱

教师：刚才的体会感恩小确幸的活动，有没有给你一种内心暖暖的感觉呢？这个活动希望让同学们从侧面了解自己是否是一个时常感恩的人。如果你的感恩栏都是满的或几近满的，那说明你是善于感恩并时常感恩的人。如果感恩栏是偏空的，则提示我们可以多做些事情，让我们的生活，让我们的生命鲜活起来。

为什么说常怀感恩心，可以让我们的生命鲜活起来呢？这首先得从积极情绪的认识入手，感恩属于众多积极情绪中的一种。卡内基梅隆大学心理学教授谢尔顿·科恩（2003）曾做过一项研究，测量了334名成年人的积极与消极情绪后，给每个人的鼻子里滴入感冒病毒，然后进行隔离观察，结果发现积极情绪多的人更不容易感冒，除了普通的感冒，科恩还对流行性感冒（由流行病毒引起的呼吸道感染）做了实验，结果也是一样的，积极情绪多的人也不容易患流感。由此可见，积极情绪可以降低患感冒或者流感的概率大约1/3。科恩教授还帮我们总结了积极情绪对身体健康的积极影响：①有更少的疾病症状、疼痛；②在家老人的中风风险更低；③冠心病人复发住院的概率更低；④对孕妇生产更有利。

《积极情绪的力量》作者芭芭拉·弗雷德里克森的研究曾发现，感恩对人类的健康有大约9%的贡献；孤独的人更容易患病，因为孤独的人和他人几乎很少有交流。而感恩可以帮助我们构建与他人的关系，产生更多更有意义的交流和积极的情绪，从而减少了孤独，疾病也会更少。由此可见，感恩情绪确实有益于身心健康，常怀感恩之心可以让我们的生命欣欣向荣、生机勃勃、充满活力。

（设计意图：通过数据的实证支持，立体地介绍感恩情绪对身心健康的积极作用，增强学生培养感恩情绪的动力。）

三、团体工作阶段：抒发感恩小心情

（一）写下我的感恩事件

教师：我们已经从科学研究中得知，感恩并不是仅指向他人的，更是指向自己的。感恩是一件互惠积极的益事。如此有益的事，让我们行动起来传递出去吧。接下来就让我们一起来抒发感恩小心情。

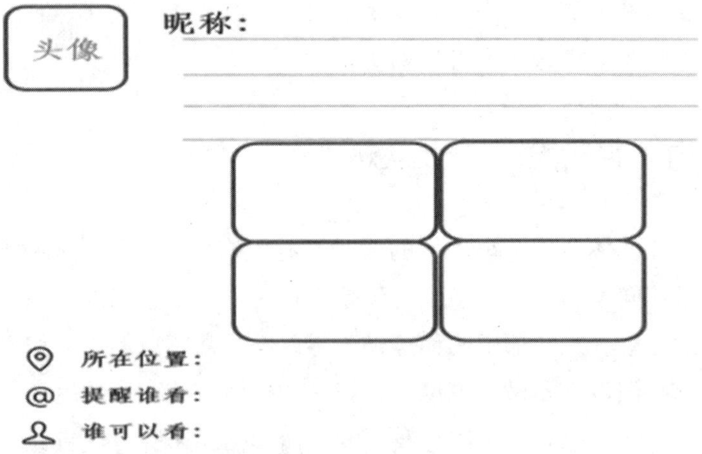

图 10 - 2　感恩心语卡

1. 请同学们在感恩心语卡的事件一栏中，写下或者画出让你感恩的一件事件。可以是与人有关，也可以是与环境有关，更可以是与自己有关。

2. 请在"所在位置"一栏选择写上你的位置。

3. 请在"@提醒谁看"一栏，写下你希望提醒看见的人的名字。

4. 请在"谁可以看"一栏选择"公开、私密、部分可见"。

（二）表达我的感恩心情

1. 请手持感恩心语卡，走向你想表达的人面前，说出你的感恩。或者向其他同学分享你的感恩。

2. 请让接收感恩的同学在第 5 栏点赞或者在评论下写下回应。

3. 请你在相应的评论下方写下回复。

♥点赞（画心）：＿＿＿＿＿＿＿＿＿＿＿＿＿＿＿＿＿＿＿

▢ 评论：（名字＋内容）

＿＿＿＿＿＿＿＿＿＿＿＿＿＿＿＿＿＿＿＿＿＿＿＿＿＿＿＿＿＿＿

＿＿＿＿＿＿＿＿＿＿＿＿＿＿＿＿＿＿＿＿＿＿＿＿＿＿＿＿＿＿＿

（三）班级分享

教师：通过同学们的分享，老师深受感动，相信收到感恩的同学也感受到惊喜和价值感，而表达感恩的我们也充满着被爱被帮助的幸福感。

（**设计意图**：通过制作感恩心语卡，帮助学生学会表达感恩，提升身心免疫力。）

四、团体结束阶段：拥抱感恩心语

通过本课学习，让我们一起来回顾课程内容：

体会感恩小确幸——感受感恩；

掀开感恩小面纱——认识感恩；

抒发感恩小心情——表达感恩。

同学们，生活需要一颗感恩的心来创造，一颗感恩的心需要生活来滋养。让我们以这句话共勉，时常怀有感恩心，活出感恩的人生。

（**设计意图**：通过共勉，增强学生提升感恩之心的抱持感，升华本课主题。）

活动反思

　　本课以学生喜欢的竞猜方式引入，有效地调动学生参与课堂的积极性。采用涂画的方式将抽象的感恩情绪视觉化，贴近初中学生抽象思维仍处于发育阶段的学情，由情入理地让学生认识到感恩的重要性，并通过书写感恩心语卡抒发感恩小心情的活动，进一步把感恩的情绪释放出来。通过情—知—行三部曲，让学生的感恩情绪得到一个良性的循环，增强学生感恩的积极体验，促进学生感恩的行为。本课较好地完成教学目标，教学效果较好。需要注意的是，在表达我的感恩心情环节，如果有同学想感恩的对象不在本班，则可建议其选择一个本班同学进行模拟表达；如果有同学不希望分享，应尊重该同学的选择。

第四节　品味幸福
—— 我能提升幸福感①

活动理念

　　积极心理学强调挖掘人固有的具有建设性的力量，认为幸福是生命的基本需要，也是人生的终极追求。

　　美国心理学家布莱恩特（Fred B. Bryant）认为：人们不能只被动接受积极事件带来的积极情绪，更要通过主动发现和用心关注，来增强和延续积极体验，这就是品味（savoring）理论的核心理念。

　　本课以品味理论为理论基础，旨在利用活动"回忆我的幸福时光"来唤起学生的积极情绪，通过"分享彼此的幸福"来帮助学生看到幸福的不同元素及个体对幸福的不同感受力，在此基础上引导学生运用不同方式来提升幸福感。

活动对象

　　高一学生。

微课扫一扫

活动准备

　　多媒体教学课件、音乐、设计幸福卡片、设计活动纸。

---

① 此课程由广州市第二中学彭菊设计。

活动目标

1. 认知目标：理解"品味"的含义，具备发现和品味幸福的意识。
2. 情感目标：唤醒生活中幸福时刻带来的积极情绪。
3. 行为目标：学会把自己的积极体验和幸福事件记录下来，将品味幸福落实到行动上。

活动重难点

1. 重点：安全、积极课堂氛围的创设；学习品味幸福的方式。
2. 难点：学生积极情绪的唤起及安全课堂氛围的创设。

活动过程

一、团体热身阶段：了解他人的幸福见解

教师：感受心的力量，倾听心的声音，我们一起，从"心"出发！很高兴又到了我们心灵相约的时间！

上节课快结束的时候，老师给同学们留了一个小作业，请大家去采访身边的人，了解他所认为的幸福是什么。现在，请同学们来跟老师分享你的采访结果。

听了大家的采访结果，我们发现，不同的人对于幸福有不同的见解，不同年龄阶段、不同职业的人对幸福也会有着不同的理解。请问同学们对于幸福又是如何理解的呢？

（**设计意图**：通过上课仪式及不同人对于幸福的见解，引出学生对于幸福粗浅的理解，并创设开放的课堂环境，为后面的环节做好铺垫。）

二、团体转换阶段：回忆自己的幸福时光

教师：请回顾你近期的生活，想想令你印象最深刻的幸福事件是什么？请将这一情境画在活动纸上。画的同时，请将自己带回到当时的情境，再次回味一遍：当时是在哪儿？与谁在一起？在干什么？你有什么感受？（学生画的同时播放钢琴曲《天空之城》）。

（**设计意图**：唤起幸福情境对学生带来的积极情绪体验，使学生从第一阶段了解他人的幸福见解开始探索自己对于幸福的理解。）

三、团体工作阶段：探寻提升幸福感的方式

（一）分享彼此的幸福

教师：老师刚才看到很多同学在画画时情不自禁地露出了笑容，想必是感受到了幸福的美好！请同学们在小组内，将你的幸福时刻分享给其他小组成员吧！

通过同学们的分享，我们发现幸福大概有着这样的模样：它给我们带来积极的情绪，可能是我们专注、投入地进行某件有意义的事，或者完成了某件有成就感的事，它很大可能是与他人在一起经历的美好时光！

知道了幸福的模样，请同学们按这些线索去回忆更多的生活中的幸福事件，写在"幸福记录卡"上，并用心去感受这些幸福时光。

（播放音乐《暖暖》钢琴曲。）

（二）关于品味（savoring）的心理学研究

教师发现：有的同学写了很多的幸福时刻，有的同学却迟迟不动手。这是什么原因呢？

美国社会心理学家 Bryant 和 Veroff（2007）曾做了这样一项研究：他们在实验中要求被试在一周内每天独自进行 20 分钟的散步。被试随机分配到 3 组中。第 1 组被试需要在散步过程中尽量注意身边每一件令自己愉悦的事物，如花朵、阳光等，并在注意到这些事物时，认真思考它们为什么会让自己愉悦；第 2 组被试在散步时需要尽量注意身边令自己不快的事物，比如噪音、垃圾等，并在注意到这些事物时，认真思考它们为什么会让自己不快；第 3 组被试则仅仅被要求去散步而没有什么特别的指示。在实验前后，所有被试都进行了幸福感水平的测量。请同学们猜猜实验结果是怎样的呢？

结果发现第 1 组被试的幸福感水平显著高于其他两个组。这个研究表明：有意识地感受、注意周围的积极事物，有助于人们获得更多的快乐、拥有更高的幸福感。这即是心理学关于"品味"的实验研究，像第 1 组被试那样主动地延长和增强积极体验叫做"品味"。

（三）品味幸福的方式

教师：在日常生活中，可以通过哪些方式来品味幸福呢？

（学生回答，教师将关键词记录在黑板上。）

除了同学们讲到的方式，老师还想跟大家分享以下几个品味幸福的途径：

1. 记录幸福——每晚睡前回顾当天的幸福事件，用专属的本子记录下来，或写在幸福记录卡片上，装入一个专属盒子（幸福盒子）。

2. 细数幸运——经常打开该专属本子或幸福盒子看看记录的幸福点滴。

3. 同他人分享——向朋友或其他身边人分享自己的幸福时刻。

（**设计意图：**通过分享幸福事件来加深学生对幸福的理解，知道"品味"对于提升幸福感受力有帮助，从而引出品味幸福的几种方式，增强和延续自己的幸福积极体验。）

四、团体结束阶段：教师寄语总结升华

教师：今天的课即将来到尾声，如果用一句话来描述幸福，你会如何描述呢？

看来大家对于幸福又多了一些理解。的确，幸福需要用眼睛去发现，用耳朵去聆听，用心灵去感受，用行动去品味！生活中的点滴小事就像珍珠，看似平淡无奇，但一粒粒串起来，就是持久绵长的幸福！

老师布置一个课后作业，请同学们将今天学到的品味幸福的方式运用起来，每天晚上睡觉前都回顾一遍当天的幸福时刻并记录下来。你也可以分享给你的好朋友或者家人，如果你愿意，老师也非常期待你的分享。

教师（以歌唱的形式）：请提醒自己品味幸福，幸福便会经常光顾！

（**设计意图：**总结升华，并通过歌曲的形式加深印象）

活动反思

本课以幸福五元素理论和品味理论为理论基础，旨在利用活动唤起学生的积极情绪，体悟品味对于提升幸福感的作用，并学会运用"记录幸福""细数幸运""同他们分享"等方式来提升自己的幸福感。

课程以采访他人幸福见解引入，以绘画幸福时刻为承接，以探寻幸福方式为重点，整个过程从他人到自身、从感性到理性、从粗浅到深入，层层递进，环环相扣，设计连贯。

第五节 我的"智能多彩光谱"

—— 我有"多元智能优势"①

活动理念

1983 年心理学家霍华德·加德纳提出多元智能理论。加德纳在综合生物学、遗传学、心理学、神经学、人类学等多种研究成果的基础上，提出了智能的新定义，即智能作为一种心理潜能，是在特定的文化背景或社会中，解决问题或制造产品的能力。他将人的智能分为 8 种类型，分别是：语言智能、逻辑—数学智能、空间智能、音乐智能、人际智能、运动智能、内省智能、自然智能。传统上，学校更多强调的是学生在逻辑—数学智能和语言智能（主要是读和写）两方面的发展。但这并不是人类智能的全部。作为高中生，了解人的多元智能理论，形成能力发展观，一方面可以帮助学生看到自身学习之外的各种潜能，增长自信；另一方面可以引导学生整合校园资源，发现和发展自己的优势智能，释放自身的潜能。

活动对象

高一学生。

微课扫一扫

活动准备

教学 PPT、教学任务纸 54 份、彩色卡纸 8 张、彩笔 8 盒、视频材料、背景音乐、相关道具若干。

活动目标

1. 认知目标：了解多元智能理论，积极认知自身智能优势。
2. 情感目标：在小组活动中体验自身的优势智能，获得积极自我评价。
3. 行为目标：探索个人优势智能，培养学生发挥自身优势智能解决实际问题的能力。

---

① 此课程由广州市第二中学陈慧慧设计。

活动重难点

1. 重点：探索个人优势智能，培养学生主动唤醒和发展优势智能的意识。
2. 难点：引导学生学会如何在校园生活中发展和发挥自己的优势智能。

活动过程

一、团体热身阶段：我与学校开放日

教师：大家都知道，每年学校开放日，都会有很多的家长、学生、老师等前来参观，而他们当中很多人可能是第一次来我们学校，那对于在座的同学们，我们可以如何发挥自己的各种优势，向来校参观的人员介绍我们多彩的校园呢？今天的这堂课我们进行的就是校园开放日预热活动！

（**设计意图**：以校园开放日作为整堂课的活动背景，既与学校的实际情况相符合又可以激发学生的学习兴趣。）

二、团体转换阶段：寻找我的多元智能

多元智能小组体验活动：

根据多元智能的内容将学生分成 8 个小组。

规则：

1. 每张桌子上均会有 1 张桌牌，2 分钟的时间内，每位同学迅速地离开自己的位置，并迅速地浏览 8 张桌牌的内容，当你觉得哪一张桌牌上的描述最符合自己，就请迅速在相对应的桌子旁边坐下。

2. 整个过程中，请遵从自己的内心，不要从众。

3. 时间为 2 分钟。

8 张桌牌的内容如下：

（1）空间组 空间感和方向感好，很少迷路；喜欢绘画、摄影，喜欢有许多图片的书籍。喜欢用图片、绘画来说明事物，喜欢解读图表。	（2）语言组 喜欢阅读，喜欢语言类、历史类课程及社会学科。语言表达能力较强，喜欢讲故事、演讲，或者用文字来表达自己，如写作。	（3）逻辑组 喜欢数学和自然科学，喜欢分析别人说的、写的内容是否合乎逻辑，喜欢玩需要逻辑思考的游戏，如拼图、下棋等。	（4）音乐组 喜欢唱歌、听音乐，会玩某种乐器。喜欢用音乐表达自己的情绪和感受。
（5）运动组 喜欢体育课，喜欢运动，身体协调性、力量感较好；喜欢手工，对手工制作有一定兴趣。	（6）人际组 喜欢团队合作的项目或游戏，人缘好，有不少要好的朋友。喜欢社交生活胜过独处。社交能力较强，能觉察、体验他人的情绪、情感。	（7）内省组 有独立的思想，享受独处，对自我有较清晰的认知，了解自己的长处与短处，对未来有一定规划，喜欢反思总结并适时调整自己的规划。	（8）自然组 喜欢养动植物，可以说出很多花草树木的名称，对环保很热心，对天文学、宇宙的起源和生物的进化也有一定的兴趣，善于发现和欣赏大自然的美好。

（**设计意图**：通过游戏的方式，既向同学们初步科普了 8 种智能，又让同学们对于自己的智能类型有了初始探索，提高了学生参与活动的积极性。此外，相同智能类型的同学被分到同一小组，为接下来的活动做铺垫。）

三、团体工作阶段：展示我的多元智能

1. 八个智能小组各完成一个相对应的情境任务并分组展示。

（1）空间组 请画出校园的平面图并规划 20 分钟的参观路线。	（2）语言组 请以导游的身份为前来参观的校外人员作 2 分钟校史讲解。	（3）逻辑组 请估算学校食堂一天的食材采购费用为多少。	（4）音乐组 请改编一首歌的歌词，为我们班创作一首班歌。
（5）运动组 请全组表演本届校运会 3 个精彩瞬间，让大家猜是什么运动（可制作辅助体育道具）。	（6）人际组 最好的朋友此次考试成绩暴跌，很伤心，如何安慰。	（7）内省组 请每人为自己设计 1 张个性名片（含兴趣、特长等）。	（8）自然组 选一种动物或植物作为学校周年校庆吉祥物并说明理由。

注：只有运动组除了卡纸之外还提供了剪刀和透明胶，用来做手工。

（**设计意图**：每一种特定的任务对应于一种智能，任务真实、有趣又有一定的挑战性，既能提高学生参与课堂的积极性，又能帮助学生在活动中发挥自身的优势智能。）

2．多元智能知识讲授。

教师：感谢 8 个小组的精彩展示，其实 8 个小组刚刚在活动中所呈现的 8 种智能，正好对应了多元智能理论的 8 种智能。那什么是多元智能理论呢？我们一起通过一个小视频来了解一下。（播放 2 分钟多元智能简介的动画视频。）

视频文字内容如下：

多元智能理论是由美国教育家、心理学家霍华德·加德纳提出的，他将人的能力分为 8 种类型：

①空间能力：对色彩、线条、形状和空间关系敏感，定位感和方向感好，三维空间思维能力强。

②语言能力：词汇量丰富、学习语言的速度快，擅长口头语言表达，比如讲故事、演讲，擅长文字撰写，比如写作。

③逻辑—数学能力：对数字敏感，数理运算能力好，有很强的抽象思维和逻辑推理能力。

④音乐能力：对音乐的节奏、音准、音色和旋律敏感。学习音乐的速度快，擅长欣赏、表达和创作音乐。

⑤身体运动能力：擅长运动，身体协调性好、力量感和速度好。双手灵巧，善于操作各种精细的工具。

⑥人际能力：善于觉察、体会他人的情绪、情感和意图，并据此做出恰当的反应，人际交往能力强，人缘好，擅于处理人际冲突或矛盾。

⑦内省能力：对自我有清晰的认知，能敏锐地觉察自己的情感、动机和欲望，并适时调整，善于反思总结，规划未来。有自己为人处世的原则。

⑧自然认知能力：善于识别动植物、环境的差异，喜欢观察和学习动植物的生长发育规律，擅长种植植物、饲养动物，善于发现和欣赏大自然的美好。

教师：现在我们已经了解了多元智能理论，现在请大家先思考第一个问题：在日常的学习中，如本次的期中考试中，更多时候测的是我们的哪两种智能？（语言智能和逻辑智能）

教师：当我们走出校园，步入社会，或者从我们人类的历史长河来看，是不是只有拥有这两种智能的两类人才能成为精英？

教师与同学们共同列举各智能领域的典型代表人物，分别是：爱因斯坦（逻辑智能）、姚明（运动智能）、达尔文（自然智能）、柏拉图（内省智能）、马丁·路德·金（人际智能）、丘吉尔（语言智能）、莫扎特（音乐智能）、达·芬奇（空间智能）。

教师：所以我们可以看到，智能并没有优劣之分，每一种智能在人类认识和改造世界的过程中都可以做出有价值的贡献。大家再思考一下，刚刚列举的这些人，他们只有一种优势智能吗？

（**设计意图**：从活动体验过渡到多元智能知识的讲授，帮助学生更好地理解多元智能。）

四、团体结束阶段：发现我的智能多彩光谱

教师：我们每个人都拥有这8种智能以及不同种类的优势智能。重要的是我们要有意识地唤醒我们的优势智能。在时间和精力有限的情况下，充分发挥和发展某一种智能，我们都可以成为精英。当然，今天课堂开始的时候，我们仅用2分钟的时间让大家去选择自己的优势智能，这个时间是不够的，大家可以在以后的生活中不断去探索。请大家在课余的时候完成手头的这张《我的"智能多彩光谱"》的任务纸，下节课我们一起讨论和分享！

我的"智能多彩光谱"

1. 我的优势智能（或智能组合）是＿＿＿＿＿＿＿＿＿＿
（请用彩笔在左侧相对应的智能处涂上你喜欢的颜色。）

2. 同学眼中我的优势智能是（请同组同学填写）＿＿＿＿

3. 成长过程中与我的优势智能有关的获奖经历有＿＿＿＿

4. 学校里可以发挥我的优势智能的社团有＿＿＿＿＿＿＿

5. 我的优势智能对我未来的职业选择的积极影响可能有＿＿＿
＿＿＿＿＿＿＿＿＿＿＿＿＿＿＿＿＿＿＿＿＿

（**设计意图**：通过个人多元智能的探索与思考，引导学生进一步了解自身的优势智能以及学会如何在校园生活中发展和发挥自己的优势智能。）

活动反思

加德纳提出了智能展示的评价方式，通过学生的智能展示（即通过劳动产品如作业、手工、绘画、音乐、作文等多种方式来展示个人的多元智能）发现学生的智能优势并衡量其发展。于是，本节课教师也为学生提供了展示其优势智能的平台。8种智能相关的情境真实而贴近学生生活实际。40分钟的课堂绝大部分时间交给学生，每位学生均热情投入地参与其中，每个小组每次的展示均让我们感到惊喜。学生在活动中体验与思考，也更真切地感受到了自身的优势智能。

参考文献

[1] 冯建军. 生命教育教师手册 [M]. 太原：山西教育出版社，2018.

[2] 李高峰. 生命与死亡的双重变奏：国际视野下的生命教育 [D]. 上海：华东师范大学，2010.

[3] 肖川，曹专. 生命教育：朝向幸福的努力 [M]. 北京：新华出版社，2020.

[4] 冯玉华. 积极心理学视角下的青少年生命教育现状与对策分析 [J]. 乌鲁木齐职业大学学报，2016，25（4）.

[5] 胡金兰，纪宇萍. 核心素养背景下"幸福咖啡屋"校本课程开发实施与研究 [J]. 教育参考，2019（4）.

[6] 钱锦. 黄浦区中小学"积极成长·幸福"课程设计与实施 [J]. 现代教学，2021（C2）.

[7] 吴灯，杨旭红. 幸福成长课：小学积极心理健康教育课程建构探索 [J]. 中小学心理健康教育，2019（27）.

[8] 张美云. 生命教育的理论与实践探究 [D]. 上海：华东师范大学，2006.

[9] 王定功. 英国青少年生命教育探析及启示 [J]. 中国教育学刊，2013（9）.

[10] 余伟芳. 日本学校生命教育及其借鉴 [D]. 北京：首都师范大学，2014.

[11] 李艳. 台湾地区中小学生命教育研究与启示 [D]. 上海：华东师范大学，2006.

[12] 李朝军. 积极心理学下大学生生命教育研究 [J]. 商情，2020（28）.

[13] 石敏. 积极心理学视野下高校生命教育途径研究 [J]. 当代教育实践与教学研究，2019（23）.

[14] 孟万金. 构建立德树人幸福教育新体系 [J]. 中国特殊教育，2019（11）.

[15] 曾光，赵昱鲲，等. 幸福的科学：积极心理学在教育中的应用 [M]. 北京：人民邮电出版社，2018.

［16］但汉国. 升华生命教育的三个层面 为学生的幸福成长全面发展奠基：普通高中生命教育校本课程开发建设的实践研究 ［J］. 中国教育学刊，2020（A2）.

［17］宋乃庆，曹媛，罗琳. 重大疫情下中学生生命教育现状及对策探究：以西南地区为例 ［J］. 基础教育课程，2021（2）.

［18］宋灵青，刘儒德，李玉环，等. 社会支持、学习观和自我效能感对学习主观幸福感的影响 ［J］. 心理发展与教育，2010，26（3）.

［19］王艳慧. 归因训练提高初中生自尊水平的实验研究 ［J］. 中国校医，2015，29（11）.

［20］马利军，黎建斌. 大学生核心自我评价、学业倦怠对厌学现象的影响 ［J］. 心理发展与教育，2009，25（3）.

［21］张翔，杜建政. 流动儿童社会支持、核心自我评价与行为适应的关系研究 ［J］. 中国儿童保健杂志，2015（9）.

［22］王纯，张宁. 大学生抑郁情绪与归因方式和自尊的关系 ［J］. 中国临床心理学杂志，2006，14（6）.

［23］孟昭兰. 人类情绪 ［M］. 上海：上海人民出版社，1989.

［24］郭小艳，王振宏. 积极情绪的概念、功能与意义 ［J］. 心理科学进展，2007，15（5）.

［25］王森雅. 高校毕业生积极情绪与综合幸福感的关系：生命意义感的中介作用 ［D］. 长春：吉林大学，2018.

［26］佘壮，肖君政，牛亏环，等. 恢复体验对生活满意度的影响：积极情绪的中介作用 ［J］. 心理研究，2019，12（1）.

［27］王振宏，吕薇，杜娟，等. 大学生积极情绪与心理健康的关系：个人资源的中介效应 ［J］. 中国心理卫生杂志，2011（7）.

［28］赵向锐. 大学生积极情绪团体干预研究 ［D］. 长春：东北师范大学，2017.

［29］张娜. 青少年积极认知、积极情绪与社会适应性的关系研究 ［D］. 长沙：湖南师范大学，2015.

［30］姚莹莹，葛玉辉. 高管团队积极情绪、团队韧性对创新绩效的影响作用研究 ［J］. 改革与开放，2020（13）.

［31］弗雷德里克森. 积极情绪的力量 ［M］. 王珺，译. 北京：中国人民大学出版社，2010.

［32］张鹏程，丁梦夏，王灿明. 积极情绪体验对创造力影响［J］. 心理与行为研究，2017，15（5）.

［33］邢芳. 生活中交感思维的表现及受积极情绪的影响［D］. 曲阜：曲阜师范大学，2018.

［34］袁莉敏. 乐观对积极情感、消极情感的影响：情绪应对的中介作用［J］. 中国特殊教育，2012（6）.

［35］黄志品. 高年级小学生的积极情绪及其对自我效能感的提升研究：基于"积极情绪日记"的干预方法［D］. 南昌：南昌大学，2018.

［36］张斌驰，沈怡佳. 流动儿童学习投入与学习幸福感关系的实证研究［J］. 生活教育，2021（5）.

［37］池文韬，桑青松，舒首立. 大学生专业内部动机与主观幸福感的关系：专业投入与主观专业成就的中介作用［J］. 心理发展与教育. 2020，36（4）.

［38］蔡宇潇. 注意力训练对小学生学习能力和考试焦虑的影响［D］. 金华：浙江师范大学，2017.

［39］刘在花. 学校氛围对中学生学习投入的影响：学校幸福感的中介作用［J］. 中国特殊教育. 2017（4）.

［40］刘会超. 高中生成就动机、学习投入与学业成绩的关系研究［D］. 保定：河北大学，2017.

［41］杜瑶. 儿童学习动机、学习投入与学业成就的关系：情绪的调节作用［D］. 石家庄：河北师范大学，2018.

［42］张兴旭，郭海英，林丹华. 亲子、同伴、师生关系与青少年主观幸福感关系的研究［J］. 心理发展与教育，2019，35（4）.

［43］林艺娟. 小学生主观幸福感与师生关系的关系研究：以泉州市 X 小学为例［D］. 福州：福建师范大学，2017.

［44］吴贤华，满从英. 人际关系对心理韧性的效应：情绪调节自我效能感的中介作用［J］. 湖北文理学院学报，2018，39（1）.

［45］关天宇，王茜，唐珊. 父母教养方式和人际交往能力与大学生抗逆力关系研究［J］. 牡丹师范学院学报（哲学社会科学版）. 2018（5）.

［46］张荣伟，Paul T. P. Wong，李丹. 人际关系和自我概念对生命意义的影响：一项追踪研究［J］. 心理科学. 2020，43（5）.

［47］陈良，毛亚南. 中学生父母依恋对生命意义感的影响：人际适应的中介作用［J］. 教育导刊. 2019（10）.

［48］马茜芝. 高中生父母/同伴依恋与生命意义感的关系：时间洞察力的中介作用［D］. 石家庄：河北师范大学，2018.

［49］李翔飞，王文雅，樊俊杰. 生命意义的研究述评［J］. 山西青年，2017（11）.

［50］乌日娜，胡其图，张媛，等. 内蒙古自治区大学生生命意义感与应对方式的关系研究［J］. 赤峰学院学报（自然科学版），2016，32（16）.

［51］姜园园. COPD 患者生命意义感、焦虑抑郁及运动自我效能的相关性研究［D］. 青岛：青岛大学，2020.

［52］张姝玥，陈卓豪. 压力与生命意义对初中生生活满意度的影响［J］. 现代中小学教育，2015（10）.

［53］靳宇倡，何明成，李俊一. 生命意义与主观幸福感的关系：基于中国样本的元分析［J］. 心理科学进展，2016，24（12）.

［54］林国耀，周明慧，鲍超，等. 大学生社会支持与主观幸福感的关系：生命意义感的中介作用［J］. 信阳师范学院学报（哲学社会科学版），2021，41（2）.

［55］赖雪芬. 生命意义与大学生抑郁：自我效能感的中介作用［J］. 嘉应学院学报，2016，34（3）.

［56］裴炎. 大学生生命意义感和心理健康及其关系研究［D］. 重庆：西南政法大学，2013.

［57］李虹. 自我超越生命意义对压力和健康关系的调节作用［J］. 心理学报，2006，38（3）.

［58］刘静，谢杏利. 生命意义感和幸福感对研究生自杀态度的影响［J］. 现代预防医学，2015（7）.

［59］艾树，汤超颖. 情绪对创造力影响的研究综述［J］. 管理学报，2011（8）.

［60］张振宁. 情绪与创造力研究回顾及展望［J］. 吉林省教育学院学报. 2015，31（4）.

［61］翟乡平. 成长型思维与坚毅的关系：未来时间洞察力、成就动机的多重中介作用［D］. 烟台：鲁东大学，2018.

［62］朱忆莲. 特质正念与创造力的关系：情感的中介作用和情绪智力的调节作用［D］. 武汉：武汉大学，2019.

［63］樊飞飞. 初中生积极心理品质的量表编制及培养研究［D］. 苏州：苏州大学，2014.

［64］ KAMMEYER-MUELLER J D, JUDGE T A, SCOTT B A. The role of core self-evaluations in the coping process ［J］. Journal of applied psychology, 2009, 94 (1).

［65］ JUDGE T A, EREZ A, BONO J E, et al. The core self-evaluations scale: development of a measure ［J］. Personnel psychology, 2003, 56 (2).

［66］ JUDGE T A, ANNELIES E M, IRENE E, et al. Emotional stability, core self-evaluations, and job outcomes: a review of the evidence and an agenda for future research ［J］. Human performance, 2004, 17 (3).

［67］ ROSOPA P J, SCHROEDER A N. Core self-evaluations interact with cognitive ability to predict academic achievement ［J］. Personality and individual differences, 2009, 47 (8).

［68］ RUSSELL J A, FELDMAN B L. Core affect, prototypical emotional episodes, and other things called emotion: dissecting the elephant ［J］. Journal of personality and social Psychology, 1999, 76 (5).

［69］ FREDRICKSON B L. The role of positive emotions in positive psychology: the broaden-and-build theory of positive emotions ［J］. American psychologist, 2001, 56 (3).

［70］ FOLKMAN S MOSKOWITZ J T. Positive affect and the other side of coping ［J］. American psychologist, 2000, 55 (6).

［71］ TAYLOR S E, KEMENY M E, REED G M, et al. Psychological resources, positive illusions, and health ［J］. American psychologist, 2000, 55 (1).

［72］ ISEN A M. A role of neuropsychology in understanding the facilitate influence of positive affect on social behavior and cognitive process ［M］ //Synder C R, Lopez S J. Handbook of positive psychology, NY: Oxford, 2002.

［73］ SCHONERT-REICHI K, OBERLE E, LAWLOR M, et al. The effects of the mindup program on elementary school students' well-being and prosocial behaviors ［C］. Denver, co: American Educational Reseach Association, 2010.

［74］ WERNER E, SMITH R. Journeys from childhood to midlife: risk, resilience, and recovery ［M］. Ithaca and London: Cornell University Press, 2001.

［75］ GLAW X, KABLE A, HAZELTON M, et al. Meaning in life and meaning of life in mental health care: an integrative literature review ［J］. Issues in mental health nursing, 2017, 38 (3).

[76] MIAO M, GAN Y. How does meaning in life predict proactive coping? The self-regulatory mechanism on emotion and cognition [J]. Journal of personality, 2019, 87 (3).

[77] STEGER M F, KASHDAN T B, SULLIVAN B A, et al. Understanding the search for meaning in life: personality, cognitive style, and the dynamic between seeking and experiencing meaning [J]. Journal of personality, 2008, 76 (2).

[78] KLEFTARAS G, PSARRA E. Meaning in life, psychological well-being and depressive symptomatology: a comparative study [J]. Psychology, 2012, 3 (4).

后　记

本书是广东省教育科学"十三五"规划2020年度研究项目（德育专项）"后疫情时期中小学生心理危机识别与干预策略研究"（课题编号：2020JKDY089）及广州市教育科学规划2020年度重点课题"疫情防控常态化背景下中小学生心理危机识别与干预实践研究"（课题编号：202012608）研究成果。

自2020年初新冠肺炎疫情发生以来，我带领工作室及课题组成员深入本区10所中小学课题实验学校，开展疫情防控常态化背景下中小学生心理危机识别与干预策略的行动研究。我们组织课题组和工作室成员先后对10所课题实验学校的学生、班主任和教师群体进行了生命教育课程需求调研，并在此基础上构建"七彩积极生命教育"微课程框架，开发"七彩积极生命教育"微课程精品课例，旨在通过系列微课程塑造学生积极心理品质，丰厚学生心理资本，提高学生抗挫能力，应对疫情带来的心理压力。

本书能顺利出版，我要诚挚感谢四位副主编、编委、课题组成员和所有参与课例编写的伙伴们。本书是在紧张而繁重的疫情防控背景下撰写的，整本书的构思及写作过程十分艰辛。犹记得2021年暑假，我每天泡在办公室，查看调研数据、阅读文献资料及构思写作框架；与四位副主编就本书整体主题框架及课例反复研讨修改。由于疫情防控要求有时不能线下研讨，我们就通过线上视频、语音等各种方式进行思维碰撞。在课例研发阶段，团队成员常常在工作QQ群和微信群研讨到深夜。每个课例的研发都经过专家的精心指导及团队成员的多次打磨，最终以精品课例的水准呈现给读者。所有种种构成了在这特定历史背景下我们团队成员共同奋斗的记忆。

在这里，我要感谢我的团队成员，本书凝聚着团队成员的智慧和心血，为了专著的顺利出版，大家奉献了许多节假日休息时间，她们的认真、踏实、勤奋令我非常感动。参与本书编写的四位副主编分别是：丁一杰、张文婷、王昌玲、邓宝嫦；还有五位编委分别是：杨海荣、徐润语、罗秋媛、陈嘉慧、马苑。此外，我还要感谢 11 名课题组成员和 30 名课例研发组成员，感谢 10 所课题实验学校的领导和老师对我们项目研究所给予的支持和帮助。特别鸣谢在本书撰写过程中对课例精心指导的杨海荣、卢佳适及周虹老师。

本书的写作，参考了国内外同道的不少著作、论文等文献资料，在此深表诚挚的谢意，并列于参考文献中。

我将此书视为自己在课题研究工作中的一段凝思和分享，书中不当之处定有不少，恳请同道们不吝赐教，扶正拙著。

庄续玲

2022 年 5 月于广州

MPR 出版物链码使用说明

本书中凡文字下方带有链码图标"━━"的地方，均可通过"泛媒关联" App 的扫码功能或"泛媒阅读"App 的"扫一扫"功能，获得对应的多媒体内容。

您可以通过扫描下方的二维码下载"泛媒关联"App、"泛媒阅读"App。

"泛媒关联"App 链码扫描操作步骤：

1. 打开"泛媒关联"App；

2. 将扫码框对准书中的链码扫描，即可播放多媒体内容。

"泛媒阅读"App 链码扫描操作步骤：

1. 打开"泛媒阅读"App；

2. 打开"扫一扫"功能；

3. 扫描书中的链码，即可播放多媒体内容。

扫码体验：